CONVERSA
PETE SANS
CARLOS FERRATER

Quan l'**Espai d'Art de Sant Just** em va proposar presentar a **Pete Sans** en l`àmbit d'una exposició col·lectiva de pintura i escultura, em vaig trobar amb el següent dilema: per una part a Pete Sans no li agrada que el presentin i per l'altra considero que és impresentable, en el millor sentit del terme. Per a ell mateix és difícil situar-se en el camp de l'artesania industrialitzada i l'escultura, sempre defensant la seva llibertat, a partir de la qual ell proposa els seus enginys o dissenys que hauran de ser acceptats com obres idònies per a la reproducció que comporta un procés industrial.

Ens trobem amb un dissenyador en que la seva creativitat, originalitat i genialitat estan fora de dubte, però al mateix temps és inclassificable en qualsevol dels diferents corrents més enllà d'una austeritat que el faria pertànyer a una estirp catalana de dissenyadors que han estat els seus mestres, en especial Miquel Milà.

És increïble el que pot aconseguir Pete Sans amb un fil de ferro o un taulell de fusta. Amb la manipulació de pocs elements aconsegueix obres magnífiques, funcionals i en les que de vegades es fa difícil traspassar la línea que les converteix, a través del procés industrial, en objectes quotidians que ens acompanyen a molts de nosaltres en el nostre dia a dia. En el nostre cas, la Inés i jo, en un lloc o en un altre tenim la pràctica totalitat dels objectes que Pete Sans ha aconseguit introduir en el mercat. Objectes tots ells que ens han fet la vida molt més fàcil i agradable.

És per això que vaig declinar fer la seva presentació i li vaig proposar davant la seva única obra exposada, la "coqueta", mantenir una conversa en la que fos ell mateix, a través de la meva provocació, asseveracions i preguntes, el que mostrés la seva obra, així com l'originalitat, el rigor i la saviesa dels seus plantejaments creatius.

L'Espai d'Art de Sant Just va estar d'acord amb aquesta proposta i passat un temps de la conversa, he considerat adient publicar-la, mostrant la seva trajectòria a través d'imatges i descripcions dels dissenys amb les seves pròpies paraules.

CARLOS FERRATER: Bona nit. Volem agrair en primer lloc a la sala, a la Laura Baringo i a tota l'organització de L'Espai d'Art, així com a l'Ajuntament de Sant Just i al seu Alcalde Joan Bassaganyas a qui tenim aquí amb nosaltres, el seu suport per a l'organització d'aquest acte. S'està fent una feina esplèndida a Sant Just activant temes culturals i val la pena fer un esforç entre tots per desenvolupar la vida cultural de Sant Just.

Amb el Pete Sans hi ha alguna cosa més que una gran amistat que va començar fa molts anys quan érem encara molt joves. Ell era l'amic del meu germà petit. És la raó per la qual crec que al llarg de la nostra vida hem tingut un gran nombre de col·laboracions professionals... No sabem fer negocis junts perquè sempre surten malament, però si que hem fet coses. Aquesta tarda espero que vagin sortint temes i sigui una conversa amena i relaxada.

Carlos Ferrater

Pete Sans

Aquí tenim al Pete de jove. Ell va néixer al 47 i jo al 44.

Si analitzem aquesta fotografia podem veure que tant l'un com l'altre érem d'una altra generació. La nostra és l'anomenada generació silenciosa. L'altre dia vaig assistir a un debat entre generacions. Darrera nostre venen els "baby boom", després la generació X que és la del canvi, i les generacions Y i Z que són els més joves. Aquesta generació silenciosa es caracteritza perquè no teníem ordinadors, tablets ni mòbils. En aquesta imatge hi ha un paral·lex, uns escaires, un escalímetre, unes plantilles, un compàs...

PETE SANS: I tant...

CF: Pertanyem a la generació que dibuixava. Hi ha un llapis allí al racó, el ròtring... I tu estàs dibuixant un plànol.

El Pete diu el següent. "Jo no soc un dissenyador industrial a l'ús. Jo soc més aviat un escultor industrial". Això ho has dit alguna vegada.

PS: I tant. I encara ho mantinc.

CF: Perquè ets un escultor industrial i artesanal?

PS: Per vàries raons. Perquè com els dissenyadors industrials treballen per a la indústria depenen del que la indústria els digui que necessiten. Aleshores dissenyen per satisfer aquestes necessitats. D'això se'n diu dissenyar a partir d'un "briefing".

Jo ho faig al revés. Jo faig com si fos un escultor, un pintor o "un artista pur". Jo dissenyo el que em ve de gust.

I quan ho tinc acabat aleshores intento col·locar-ho, que és el que fa un artista quan exposa un quadre en una exposició. La diferència és aquesta, jo sóc escultor perquè treballo per mi i després intento vendre-ho, cosa que no és així en el cas del dissenyador industrial....

CF: Jo si faig això m'arruïno.

PS: Segurament. Jo estic arruïnat des de sempre. (rialles)

CF: Si hagués de fer una casa i després veure qui me la compra segur que no la compraria ningú .

PS: No, a mi tampoc quan proposo un disseny.

CF: En aquesta fotografia hi ha una cosa que destaca , aquest llum que té una pota i una roda.

PS: Sí.

CF: Què és això?

PS: Jo feia molts prototips i això és una làmpada que consistia en un tubet que portava una anella rodona amb una bola.

Es mantenia a contrapès i la bellugava. Jo sempre he fet bromes.

CF: Pel que veig, aquesta no la vas vendre.

PS: No. A veure, jo només he venut com un set o vuit per cent del que he fet. I encara... potser m'allargo massa.

CF: D'acord, ho deixem en un 5%.

PS: Sí.

(rialles)

Mira, aquella foto és del teu germà. La de les ulleres de sol en la que faig de model.

CF: Aquesta imatge recull el món de la nostra adolescència i joventut.
Sobretot la vostra, la del meu germà i la teva.

Això era "Tusset Street" el Carnavi Street Barceloní. Aquí teníem el Drac Store, el Renoma i els locals i bars mes "chics" de Barcelona.

El Pete diu: "Menys estudiar vaig fer una mica de tot, perquè no m'agradava gens estudiar. Quan era molt jove, amb 17 o 18 anys, vaig començar a dissenyar moda".

PS: Jerseis. A mi de jove m'agradava molt anar a les discoteques. Un dia, una novia que tenia, me'n recordo que era guapíssima, portava un jersei que em va

agradar tant que li vaig demanar. A l'hivern vaig anar a Barcelona i en vaig produir un de semblant. Jo tenia un molt bon amic, en Toni Miró i li vaig dir: 'Ara faig jerseis, què et sembla?'. "Sí, fes-me'n dos de grocs, tres de verds... Una cosa al·lucinant!

(rialles)

Aleshores vaig muntar una petita empresa a Rubí amb unes senyores que tricotaven. Vaig fer aquests jerseis i es van vendre bé, però només per a la botiga de GROC. Em va agradar tant aquest rotllo que em vaig dedicar a dissenyar més jerseis. Vaig ser el primer que va fer uns jerseis diferents, perquè quan jo vaig començar, els jerseis eren tots Vitos o Pulligan.

CF: De marca?

PS: Els jerseis els feien empreses molt grans. Gent que en fessin uns pocs no n'hi havia tanta. Jo no anava mai a vendre, la gent comprava... Jo només en venia a Bocaccio. Anava sovint a les discoteques i allà la gent em demanava 5, 8 o 6 jerseis; "pásate por la tienda"... I així anava venent jerseis fins que vaig haver de marxar a fer la mili.

CF: Analitzem altres dissenys teus...

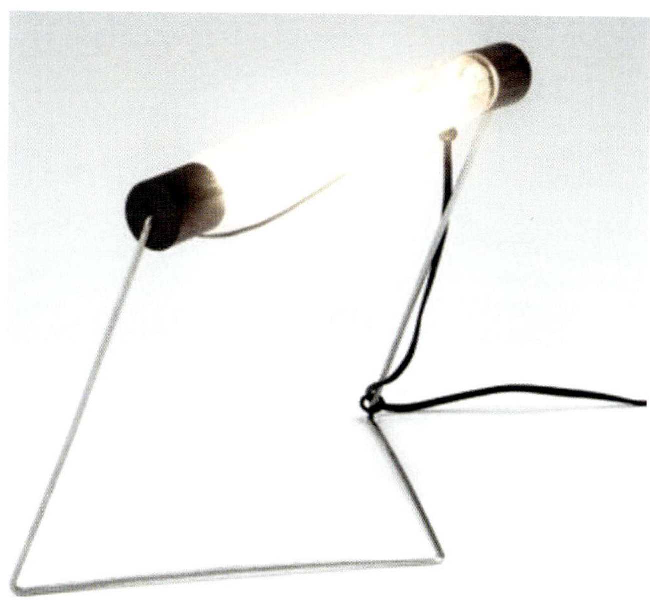

Aquí hi ha dos objectes que estan separats en el temps. La Lamparaprima del 79 i la Coqueta del 87, que la tenim aquí present i que va ser Delta d'Or del 88.

PS: Delta d'Or del 88, sí.

CF: És a dir, ho sé perquè aleshores jo era president de l'ADI-FAD i del jurat, i per unanimitat absoluta de tot el jurat, en veure la Coqueta ja no va caldre continuar. Ja ho havíem vist tot. Evidentment vàrem prendre notes de tots els objectes presentats tal i com fan els jurats.

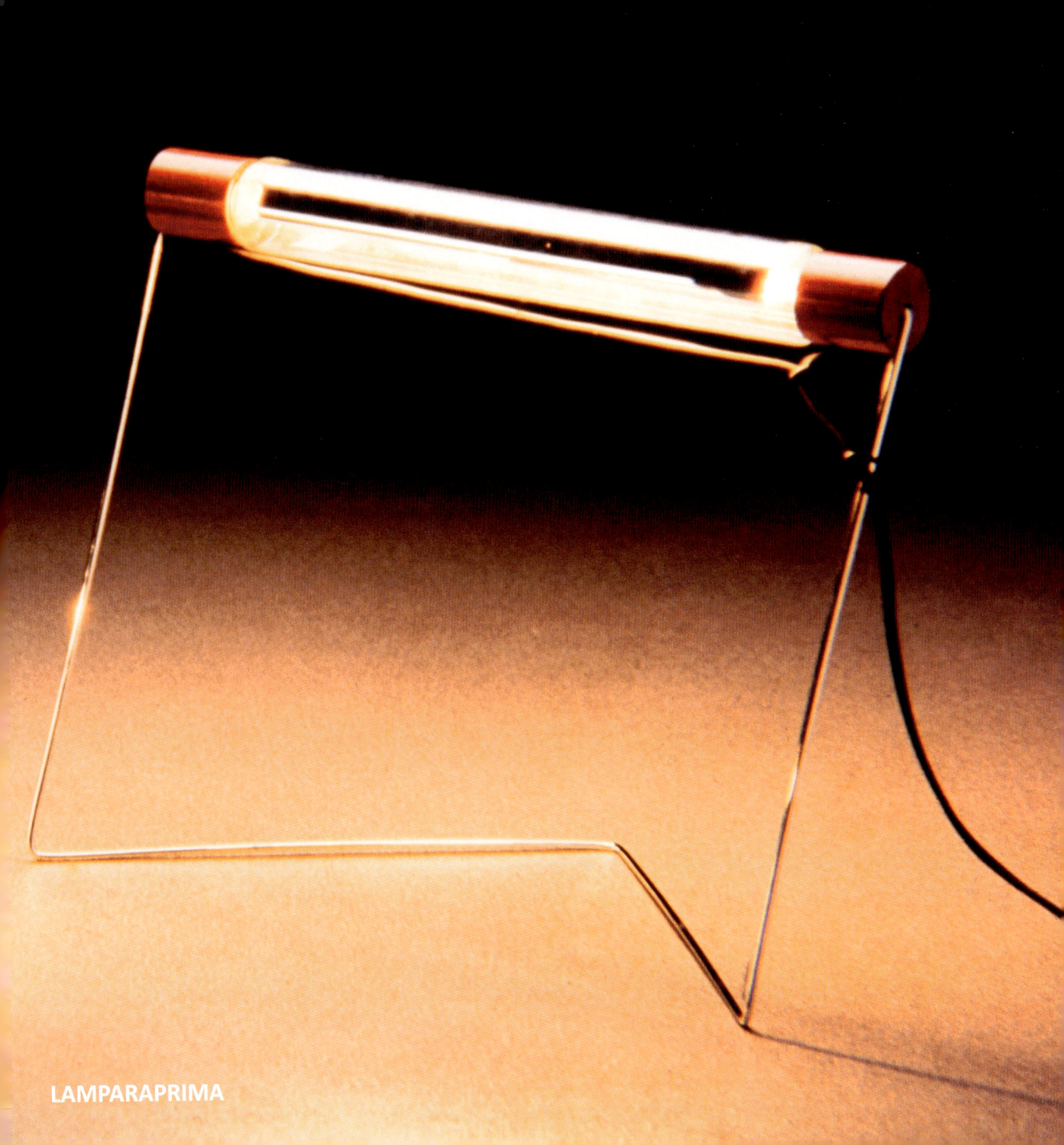

LAMPARAPRIMA

Cadira COQUETA

El Delta d'Or era la màxima distinció en disseny que hi havia i que encara hi ha a Espanya, però en aquell moment a més a més era l'única.

PS: I els Delta continuen sent dels premis més apreciats i ser seleccionat als Premis Delta sempre ha estat molt important per a un dissenyador.

CF: Fixeu-vos en una cosa, hi ha gairebé una dècada entre la Lamparaprima del 79 i la Coqueta del 88 premiada amb el Delta d'Or, temps durant el qual Pete Sans va fer molts dissenys.

PS: Jo tenia molta afició a fer coses amb les mans i feia làmpades. Un dia vaig fer la Lámparaprima i em van donar molts premis internacionals. Aleshores vaig pensar: "Ara em dedicaré a això".

CF: Dit i fet. La Lámparaprima trobo que és absolutament genial i absolutament Pete Sans perquè agafa una bombeta sofito i la transforma en una peça genial i minimalista.

PS: Sí, hi estic d'acord.

CF: Perquè els aparells per posar un sofito eren espantosos i ell agafa dos casquets i un fil ferro, el doblega, l'estreny per deixar-ho fixat i ja té una làmpada que amb una xinxeta la pots penjar a la paret per la punta, dit i fet.

PS: Sí, dit i fet.

CF: És un disseny absolutament extraordinari. És normal que li donessin premis.

Aquest disseny el vas fer com allò que deies que primer fas el que vols i després ho intentes col·locar?

PS: No, el vaig fer per il·luminar el meu tocadiscos.

CF: (rialles) La Coqueta per exemple, crec que té tot un procés d'elaboració més sofisticat i complex.

PS: Sí.

CF: I a més a més no et va sortir de cop i t'ho demostraré. Crec que la Lamparaprima et deuria sortir d'una "idea feliç"com quan dius "se m'ha aparegut". En canvi la Coqueta té tot un procés molt elaborat.

En aquella dècada van passar moltes coses i vas fer molts dissenys. En aquesta imatge n'he triat uns quants que a mi m'agraden molt. La primera és la Mesa Mesita.

I aquí dius: "La meva manera de treballar és que tots els productes que dissenyo són productes que sé fer. No he dissenyat solament l'objecte, sinó que he dissenyat el camí per fabricar-lo".

Fixeu-vos en la Mesa Mesita. Al costat hi ha unes fustes amb uns traus. La taula es munta simplement encaixant-la.

Es passen les tres peces pels traus i s'encaixen. És absolutament genial. T'anticipes a Ikea!

PS: Potser sí...

CF: És un disseny que surt d'una idea d'assemblatge que a més és molt maca! És un bon producte industrial però també una escultura industrialitzada a partir d'un sistema enginyós.

PS: No valdria la pena fer un disseny lleig.

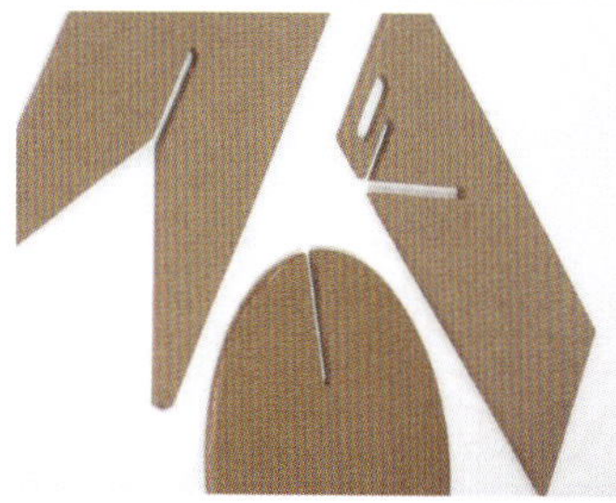

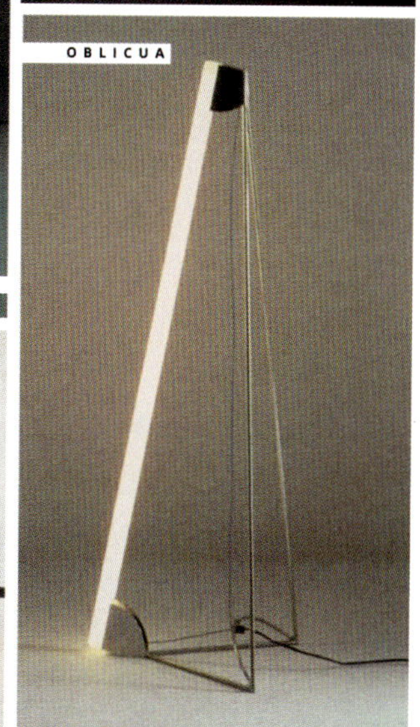

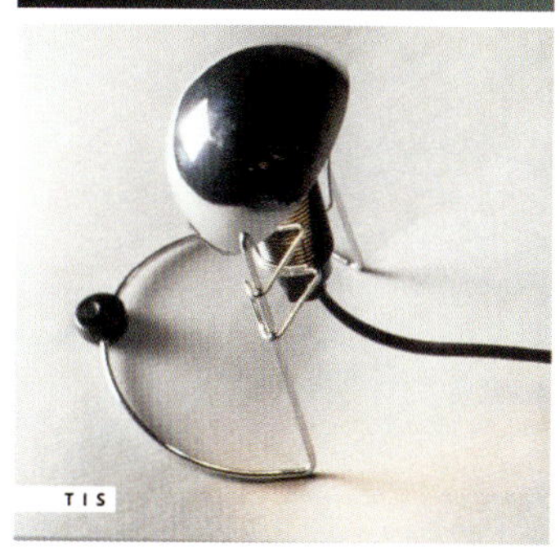

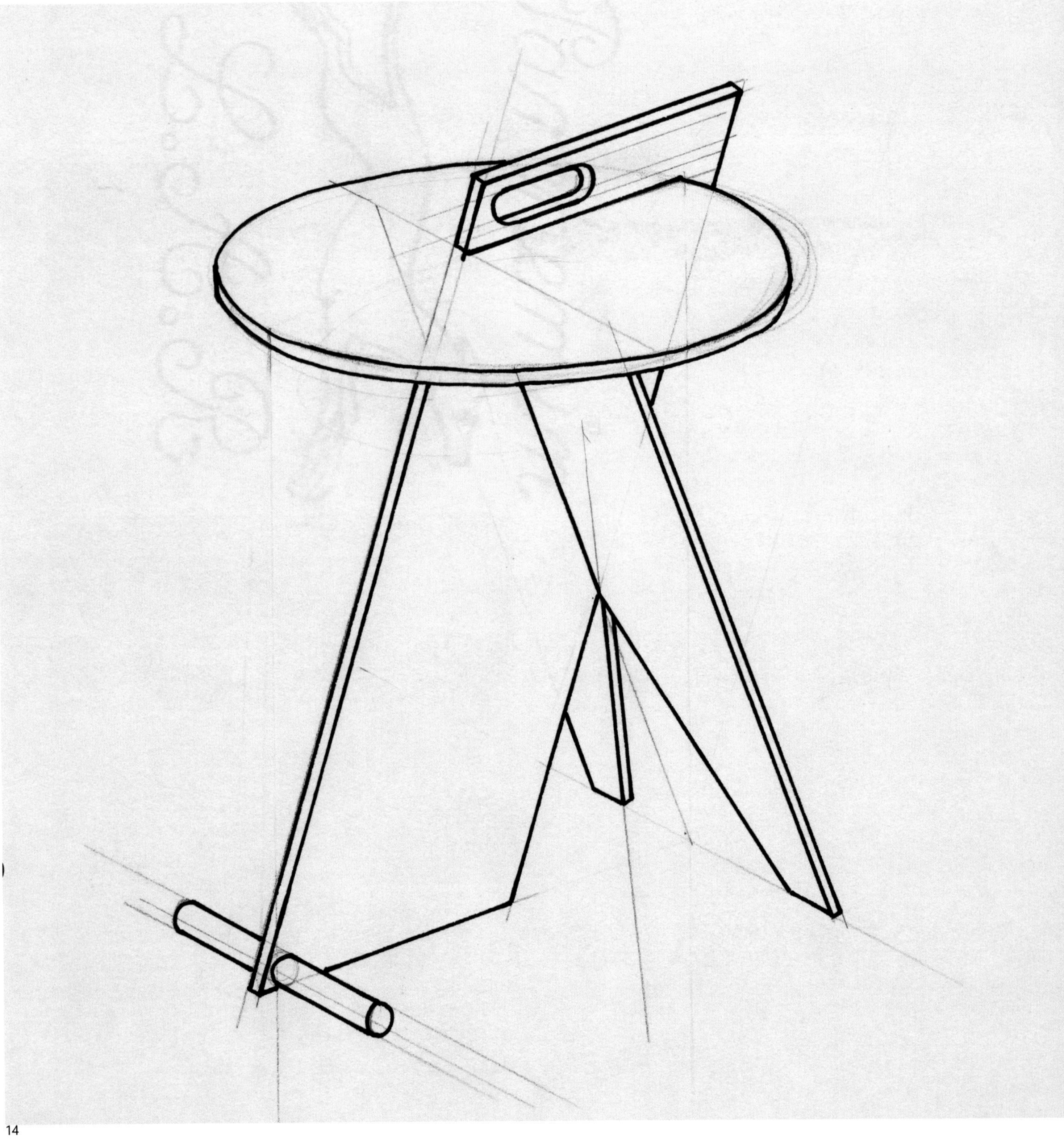

MESA MESITA

CF: No valdria la pena. Al costat tenim un sistema que denomines Sistema Elemental. Una taula doble que té uns cons, un vidre i dos sobres. A més a més, aquestes taules poden ser circulars, quadrades, rectangulars...

PS: Sí, l'aportació és la peça cònica que suporta els dos sobres.

CF: La tauleta Aleta que és com un carret.

PS: No sé si us n'adoneu però és cosina germana de la Coqueta. És a dir, si tu a la Coqueta li treus el seient de medul·la i li poses un sobre, és l'Aleta. No vaig pensar massa diguem-ne.

CF: Estem evolucionant per arribar al Delta d'Or.

PS: Exacte (rialles).

CF: També tenim la Tríptica. Jo en tinc a Menorca i donen una llum que crea atmosfera. I a sota tenim la Tis.

PS: La Tis

CF: És un objecte d'aquells que a tothom li hagués agradat fer. És un petit casquet amb una petita bombeta que s'aguanta per la pressió del fil ferro sobre el casquet, igual que en la Lamparaprima. Però no és un triangle com la Prima sinó un semicercle i amb una xinxeta també la pots penjar a la paret... Jo a casa la tinc il·luminant el meu galant de nit.

Vaig fer un forat al mirall i vaig col·locar-la allà. Queda fantàstica, es reflexa al mirall i completa el cercle.
Al costat tenim dues làmpades, una que m'encanta l'Obliqua, que de fet s'assembla a la Prima.

L'Obliqua és una làmpada que no surt d'una bombeta sofito sinó d'una linestra.

Li poses dos casquets i una altra vegada el fil ferro.

PS: I després explicaré una cosa bastant curiosa respecte això.

CF: D'acord. I finalment tenim l'Ameba que és un sistema... L'he posat en aquesta col·lecció sabent que és posterior a la dècada dels 80 perquè emparenta amb els dissenys d'aquesta dècada.

L'Ameba és posterior, però penso que és un camí semblant als dissenys de la dècada anterior amb mes risc.

PS: És la mateixa línea però amb més tecnologia.

CF: Bé, ara et toca a tu explicar-nos què en penses.

PS: No hi ha res per explicar, ja es veu tot. L'únic que no es veu és una cosa que segurament no li interessa a ningú. A mi m'interessava molt i ningú no ho ha valorat... però l'Obliqua té dues peces, una a baix que agafa el casquet de sota de la linestra i una altra a dalt, d'acord? Si agafes aquestes peces i les uneixes es forma un cercle.

CF: Ara sí que haurem de tornar a valorar-la.

PS: Ningú no ho sap. Si tu agafes un cercle i el talles per la meitat i cada meitat la talles seguint un angle determinat, fas la peça de sota i la peça de dalt.

CF: Has tancat el cercle.

PS: Exacte. Ningú no ho veu, però jo sí. Vaig gaudir molt fent aquesta làmpada.

CF: Doncs jo ara gaudeixo molt sabent-ho. La podem trobar al mercat l'Obliqua?

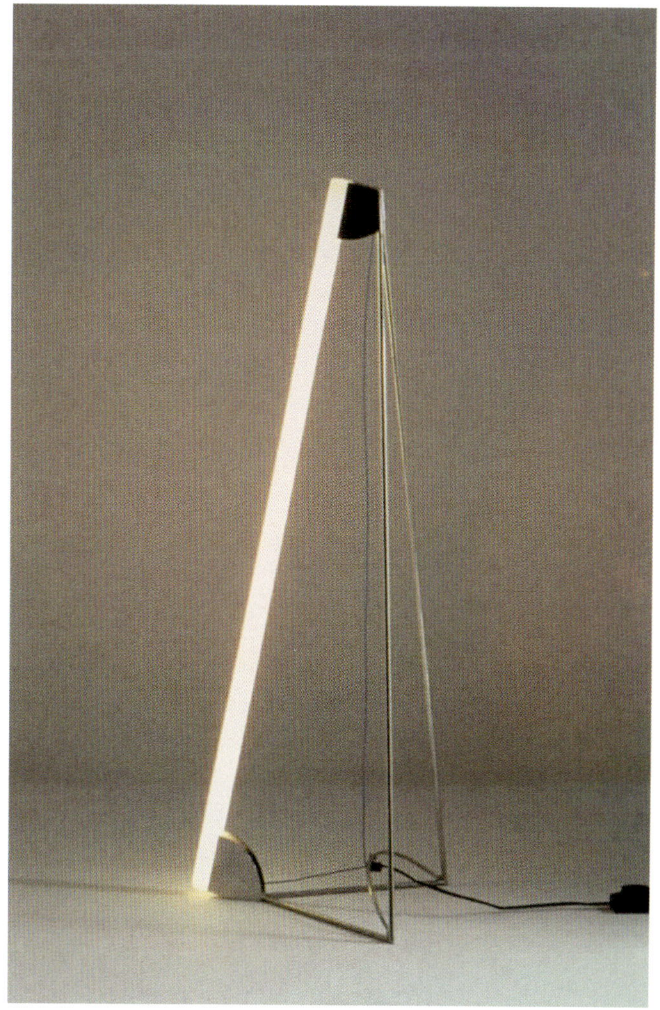

P'HIDEA

OBLICUA

PS: No.

CF: D'aquestes que hem vist n'hi ha alguna que estigui al mercat?

PS: Sí. L'Ameba, és un sistema. Les altres són dels anys 80.

CF: Però son dissenys boníssims, per què no estan al mercat? Potser és una pregunta que et faré mes tard.

PS: Tot això és molt antic.

CF: Aquí tenim la taula P'hidea i la làmpada Càlida, la qual veuràs a casa aquesta nit. Són dues peces extraordinàries.
La Fidea és una taula amb un vidre amb el que tornes a fer el mateix. Plegues un fil ferro...

PS: Quan la vaig presentar a BD, vaig fer els fil ferros i un vidre a sobre. Si aquests fil ferros els tires enlaire cauen sempre formant un pla per rebre el sobre.

CF: Per a mi això és pura geometria, es manté el rigor estructural i el concepte és molt original al generar un pla.

PS: És bestial! No vaig preveure mai que faria això però va sortir així.

CF: De vegades les solucions surten dels errors, de les casualitats o millor, de les intuïcions.

PS: Sí, de provar... vas provant... La Càlida per exemple la vaig fer perquè tenia un cartró per fer unes proves i estava enrotllat de manera molt forçada. Aleshores vaig agafar el paper, el vaig enrotllar al revés i el vaig posar dins d'un tub per mantenir-lo. Al treure'l vaig pensar: això és una làmpada!

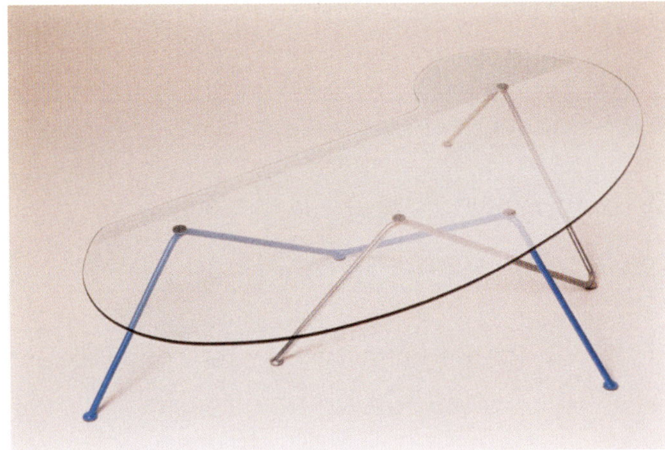

CF: (rialles) Ara no sé perquè no ens dediquem tots a dissenyar, això és molt fàcil!

PS: Va sortir de sobte, no estava previst.

CF: Pots fer alguna cosa més pensada?

PS: No en sé.

CF: Doncs ara em permetràs que et critiqui veient aquesta sèrie de dissenys.

PS: D'acord.

CF: Deixem la copa FAD que està a la copoteca del FAD des del 2013. És una canya de bambú amb 3 talls. El FAD encarrega cada any una copa a un dissenyador i amb totes les elaborades al llarg del temps ha format una copoteca impressionant. Si us ve de gust, us aconsello que aneu al FAD i demaneu que us ensenyin la copoteca que tenen. Allà trobareu les peces dels millors dissenyadors que hi ha hagut en aquest país i alguns de fora. És esplèndida. I aquesta era la copa que el Pete Sans va dissenyar.

Els altres objectes de la imatge, l'Aràcnida que vas dissenyar i BD crec que va muntar una gran exposició d'Aràcnides. I el Gospel ja imagineu que és una mascota.

I la làmpada Konos, en diferents colors. Aquests són dissenys de finals dels 90 y començaments dels 2000. Així com en els dissenys dels anys 80 de la pantalla anterior ja es pot esbrinar que el dissenyador és en Pete Sans, aquí si algú veiés aquests altres ja tindria més dubtes.

PS: Potser sí.

CF: Perquè ja són més formalistes. És a dir, aquí pots pensar que hi ha altres dissenyadors com en Mariscal

COPA FAD

ARACNIDA

KONOS

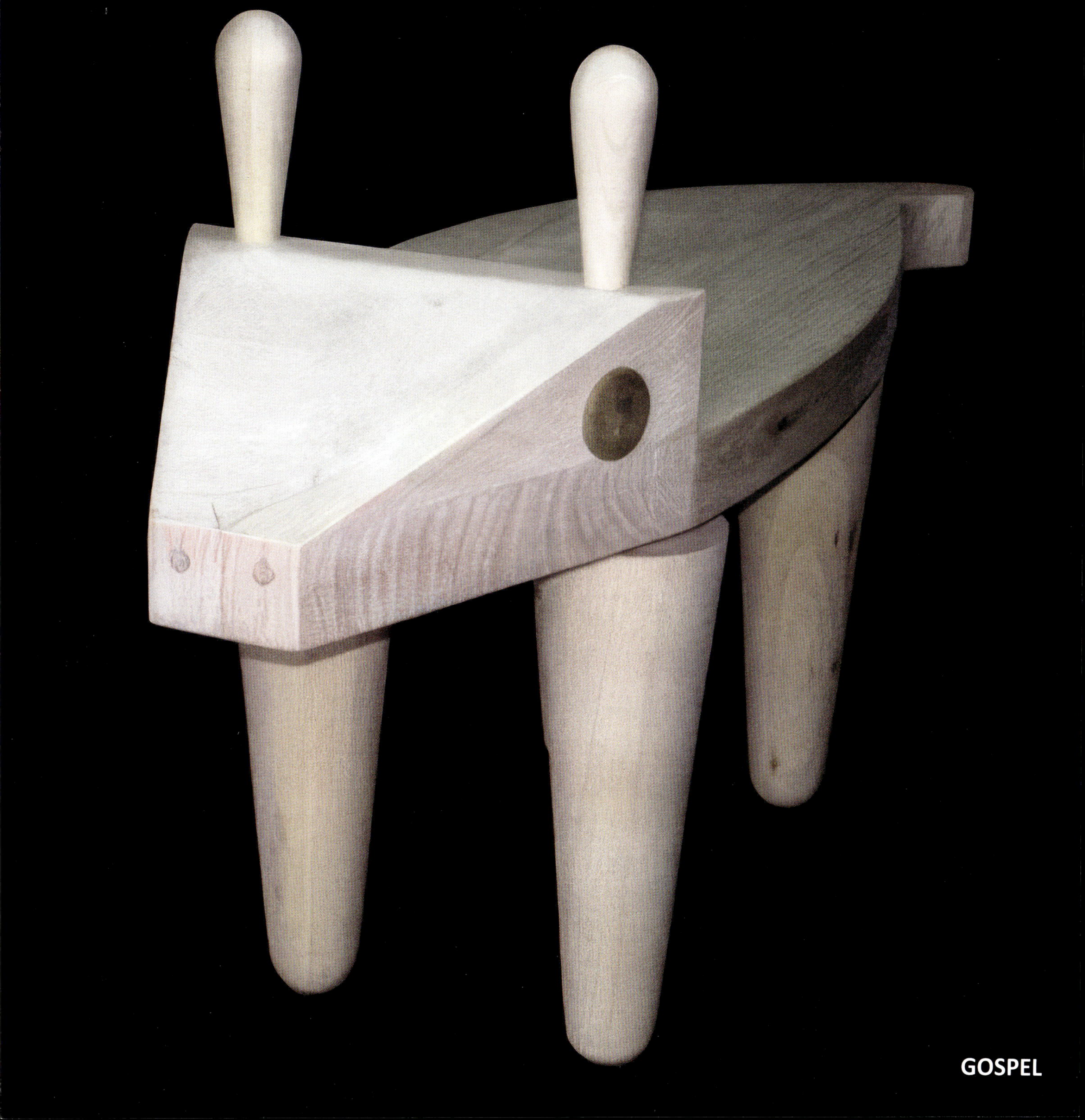

GOSPEL

BICIPODA

que ha fet mascotes o l'Òscar Tusquets quan ha fet algun aràcnid i la sèrie Cono, que són unes làmpades que tenen un llenguatge més llunyà de les formes pures que et caracteritzen.

PS: Home, no són tan minimal com les altres però déu n'hi do.

CF: Jo em referia a la distància no sols en el temps sinó en la major puresa dels dissenys i enginys de la dècada anterior.

PS: Però si t'hi fixes, excepte el Gospel. El tinc a casa i el vaig fer per a una exposició i no pas per vendre'n el disseny. Com m'agradava molt, quan vaig muntar la botiga BROTS, vaig fer un gosset d'aquests, com un encàrrec que em vaig fer jo mateix. No pretenia ser un disseny funcional. Els altres varen ser encàrrecs o propostes meves.

CF: Aquí tenim un tema interessant. A més de dibuixar un objecte, en aquest cas dissenyes un sistema que anomenes Sistemes Integrals. En aquest punt dius: "Quan arribo a un disseny que està solucionat d'una manera molt elemental, per a mi és el màxim plaer".

PS: El màxim, sí.

CF: Has solucionat un sistema integral i al mateix temps soluciones una qüestió complexa, un sistema integral per a oficina amb un disseny d'una simplicitat, ergonomia i economia, admirables. Fins i tot tu mateix o algú de màrqueting ha muntat aquesta fotografia de la taula muntada amb les estovalles llestes per dinar o sopar. Fixa't que la taula del Sistema Integral es transforma en un menjador i la paperera en el cub pel gel, per refredar el cava. Extraordinari!
És un sistema increïble. I per què no es fa la Sèrie Integral? L'USM Haller és un sistema suís fantàstic, fan taules i mobles accessoris que són econòmicament

SISTEMA INTEGRAL

bastant inaccessibles, i en canvi aquest sistema teu és més popular, més assequible. Trobo que seria fantàstic tenir-lo al mercat.

PS: No... Això té història. La vaig dissenyar jo sol. Ho vàrem produir amb un grup en el que hi havia algú que treballava a Santa & Cole. Vàrem partir de la USM Haller però volíem fer una cosa més senzilla, en un moment en que els mobles d'oficina tenien potes tècniques per pujar cables per dins i s'amagaven totes les instal·lacions. Jo vaig fer quatre potes i un sobre i va tenir molt èxit. En Rafael Moneo ho va posar per tot arreu, la Inés Arquer ho va posar a la Mútua d'Advocats... Es va vendre moltíssim.

Molta gent el va posar però un dels socis que es va erigir en cap era un inepte i no va prosperar.

CF: Aquesta és l'explicació de que aquesta meravella de Sistema Integral no estigui al mercat per poder posar-lo a les oficines...

PS: Després s'ho va quedar DB però va trigar uns anys en posar-lo a la venda.

CF: Això està bé per adonar-nos de com funciona el món del disseny. Primer és el moment de la creació i després ve un procés llarg per posar les coses al mercat, és molt complicat.

Mira, de vegades dius: "Jo visualitzo els objectes sencers i acabats. Els dibuixo, faig maquetes, prototips, però el producte ja el tenia al cap. Se m'ha aparegut".

PS: Es que els productes m'apareixien, ara ja no.

CF: I després afegeixes: "Faig el tipus de producte que vull, el faig quan vull i com vull".

PS: Sí, és veritat. Això és el que he dit al comença-

ment. L'artista sol fer el tipus de producte que li surt bé i sobretot quan li surt de dins.

CF: Ha quedat molt clar.

PS: Però després no es ven ni a trets. Tinc carpetes i carpetes de dibuixos...

CF: Aleshores, si això és veritat, explica'm què és aquest full. Mira, a la dreta tenim una columna en la que està la Coqueta, està la Tenorio, la Mesa Mesita i tantes altres possibles propostes inacabades.

PS: Si, he provat de fer tantes coses que no han servit de res...

CF: Aquí a baix hi ha la Lapa que és fantàstica. És com una Tis amb el mateix casquet però travessada per una vareta molt prima, crec que amb dues ventoses als extrems, la doblegues i la estampeixes en una cantonada.

PS: No eren ventoses, era una vareta amb els extrems punxeguts que doblegant-la quedava enganxada a una cantonada.

CF: Enganxada com una Lapa. Perquè fas el moviment a la inversa

PS: Sí, era per aprofitar la flexibilitat del nervi d'acer.

CF: I per treure-la de la paret?

PS: Tornaves a estrènyer i la treies.

CF: Tu recordes algun disseny semblant?

PS: Ara no, però podria ser.

CF: Ja sortirà... És d'un altre dissenyador que també

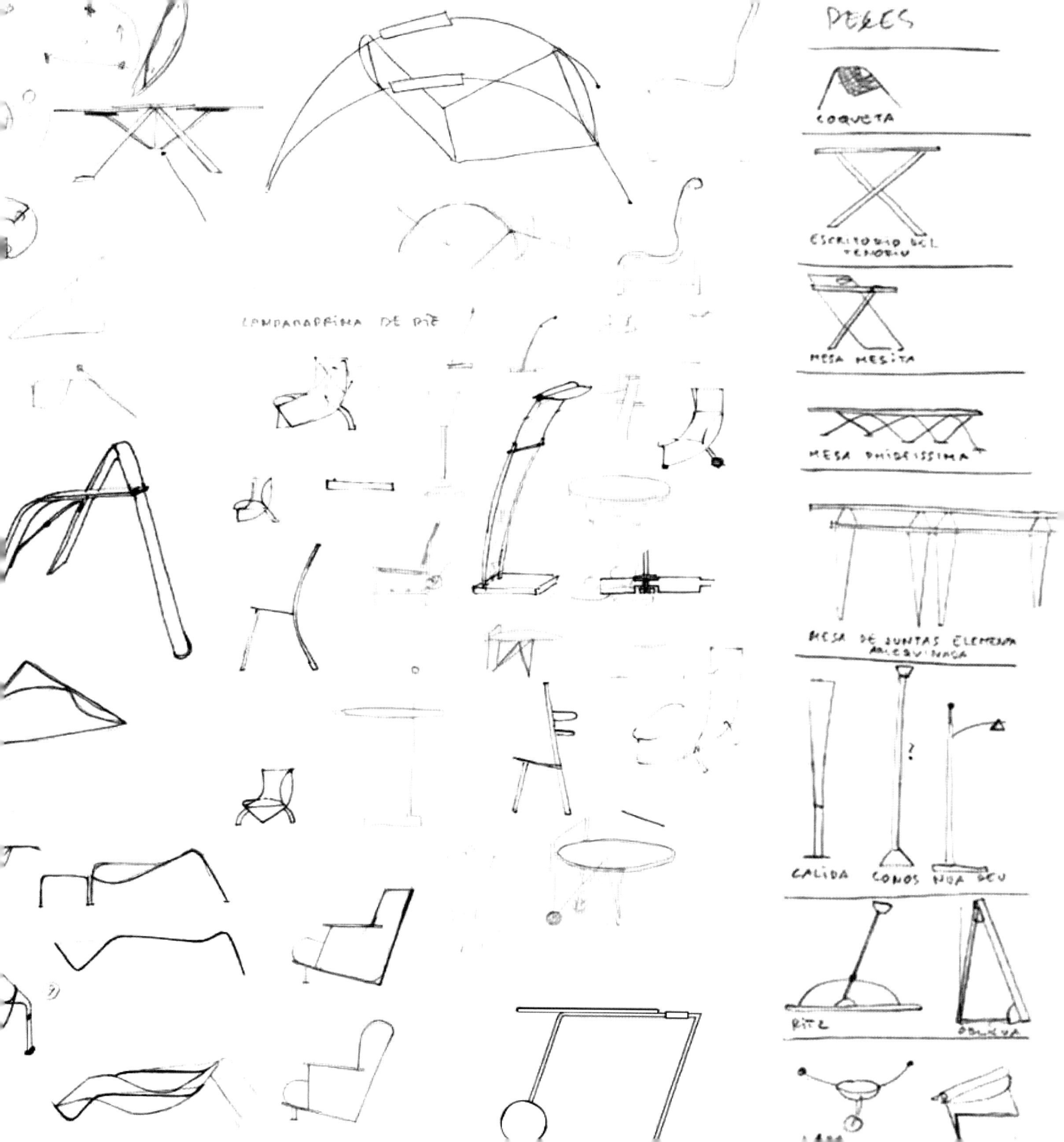

PERES
COQUETA
MESA MESITA
CALIDA
CONOS
RITZ

fa en el seu disseny el moviment a la inversa. Després ho veuràs.

Aquí hi ha la Lámparaprima que és el dibuix de sota a la dreta del tot. A la Lamparaprima li vas posar un difusor que és simplement una xapa d'acer que es posa sobre la bombeta Sofito i el pots anar orientant. És el que li faltava... jo llegeixo per les nits a Menorca amb la Lamparaprima amb difusor.

Fixa't la quantitat de dissenys i dibuixos que hi ha aquí. En alguns sembla que t'estàs barallant. Hi ha molts dissenys que reconeixem com l'Aleta, la Mesita... En canvi n'hi ha d'altres que potser podrien ser una evolució cap a la Coqueta?

PS: Aquí hi ha els esbossos de la primera Coqueta. Vaig estar com 2 o 3 anys fent-la.

CF: Així que no se't va aparèixer de cop sinó que va ser fruit de molts anys de treball per arribar a aquesta peça mestra.

PS: Sí.

CF: 3 anys?

PS: Sí, la tenia a l'estudi i de tant en tant se m'acudia una idea. Al començament la Coqueta tenia una pell de cabra que a mi m'agradava molt.

CF: I les potes estan lligades amb una peça estirada regulable.

PS: Exacte, perquè quan seies, com les varetes feien 12 mm de gruix, la cadira s'obria i es movia d'un costat a l'altre. Era insuportable. Després se'm va acudir fer-la de medul·la ja que armava millor la cadira però era impossible que aguantés. Ara tothom valora moltíssim el cinturó, que curiosament va ser per ac-

cident, doncs quan t'asseies les potes eren tan fines que s'obrien. En aquell moment amb la Regina fèiem cinturons i vaig agafar un cinturó i el vaig posar.

CF: Una corretja?

PS: Exacte, vaig posar una corretja, me la vaig mirar i vaig pensar, ho deixo així!

CF: Delta d'Or. Amb això acabaríem la primera part. La segona part és més personal.

PS: Doncs aquesta ja era molt personal...

CF: Ja veuràs ara! (rialles). Aquesta és molt personal perquè explica la col·laboració que hem tingut tu i jo.

El primer encàrrec que li vaig fer al Pete va ser per al Restaurant Lola, un projecte que em va durar 6 anys. Una agència de models de l'Albert i la Marie Christine al carrer Muntaner. Tots els grans fotògrafs europeus anaven allà a fer els càstings, a cercar models, nois i noies. Per allà varen passar la Naomi Campbell, la Claudia Schiffer o la Elle Mcpherson, entre d'altres models.

En aquest restaurant fixa't que vaig fer una encavallada mínima molt especial que ho solucionava tot; espai, llum i un jardí de canyes de bambú.

Els propietaris tenien un cuiner francès molt bo que cuinava cada dia pels models i els fotògrafs que disposaven d'una gran taula a la casa antiga,un palauet francès que donava al carrer Muntaner; hi feien uns àpats fantàstics.

Un dia l'Albert em va dir: "Escolta, i si féssim un restaurant per a que la gent de fora també pugui venir a dinar, ja que molta gent m'ho demana", i així va néixer el Restaurant Lola per al públic.

Li vaig demanar al Pete que fes una cadira per al Restaurant i li vaig dir "La Divina amb tres potes per un restaurant és inestable".

A les hores vas agafar la Divina, li vas posar quatre potes i li vas dir la Divino... i la van col·locar en aquest restaurant durant el temps que va durar. Aquesta seria doncs la primera col·laboració.
Vols afegir alguna cosa?

PS: No, està molt ben explicat.

CF: També cal afegir que l'any 93 quan es valorava l'obra olímpica de Barcelona i moltes altres obres, el Restaurant Lola va ser finalista dels Premis FAD amb una menció.

Aquí tenim una altra col·laboració que va ser molt divertida que és quan vaig fer l'edifici Garbí a l'Estartit. El client, Lluís Uriach, era el company de fatiga del Pete des que eren dos joves de l'Estartit.

Navegàveu junts amb un Vaurient. En Lluís Uriach em va dir "A la planta baixa m'agradaria fer un bar, cocteleria i discoteca". Jo li vaig suggerir que en Pete Sans ens ajudés amb l'interiorisme i amb els mobles i cadires de la terrassa. I llavors vas dissenyar aquesta cadira que es diu Simple. Encara està al mercat?

PS: No, va plegar l'empresa... estàs parlant de l'Edat Mitjana! (rialles)

CF: Estic parlant del 87.

PS: Van plegar, tots van plegar.

CF: I aquesta cadira que té per a tu? És apilable i també molt maca.

Sillonet DIVINO

PS: És apilable, sí.

CF: Te molts avantatges. Què mes en diries?

PS: Et diré una cosa que no t'agradarà, però aquesta cadira no m'agrada massa.

CF: No? (algú del públic diu que li agrada). Estàs d'acord Regina?

PS: Sí, a ella sí que li agrada. No tenim el mateix gust diguem-ne. A mi no em diu res aquesta cadira.

CF: Abans d'iniciar una baralla de parella...(rialles)

PS: He fet productes per encàrrec que no m'agraden i el propietari encantat. De vegades cal fer-los.

CF: Aquí quan vaig fer el Club Nàutic de l'Estartit, l'edifici tenia una proa que apuntava al sud, al vent de Garbí, que és el vent dominant a l'estiu.

Aleshores vaig pensar en posar un penell, donat que tothom que sortia a la mar deia: aviam el vent? (aixecant el dit).

Hi ha molta gent que no sap distingir el Garbí del Xaloc, o del Gregal i llavors quan te'l vaig encarregar em vas dir: "ja el tinc fet" i me'n vas colar un que ja havies dissenyat per a un altre lloc.

PS: No! Te'l vaig fer a mida. Aquest penell va ser un encàrrec que em va fer la Mònica Gili per a una casa que li van fer a Eivissa. I per circumstàncies que ara no venen al cas, al final me'l vaig quedar jo el penell. Llavors en vaig fer un altre, perquè el teu penell fa quatre vegades el que havia fet primer.

CF: Fixeu-vos quin tipus de dissenyador és que s'anticipa i dissenya l'objecte abans que li encarreguin.

(rialles)

Passem a la següent imatge. Aquesta és una col·laboració estranya a la casa de Llampaies. El Xiprer, aquesta làmpada tant maca de roba que fa aquesta llum tan extraordinària. En van fer una campanya publicitària a Llampaies, una casa que vaig projectar per al meu germà. Això no t'ho vaig encarregar.

Me'n vaig adonar perquè vaig veure la publicitat. Crec que varen triar aquesta casa perquè hi havia uns grans finestrals de vidre on es reflectien els xiprers.

PS: Sí, i la veritat es que quedaven molt bé.

CF: Seguim amb una altra col·laboració, aquesta vegada sí que va ser un encàrrec.

Estem parlant dels Jocs Olímpics de 1992. Jo estava fent la Vila Olímpica de la Vall d'Hebron, destinada als periodistes, les tres illes al Poble Nou per als àrbitres, l'Hotel Olímpic a la Diagonal i a Montjuïc el nou Jardí Botànic on es va celebrar el Cross Olímpic.

Necessitava una làmpada per a l'exterior i tot el que hi havia al mercat no m'agradava. A les hores et vaig encarrerar una làmpada per posar en aquests espais, sobretot al davant de l'Hotel Olímpic i a les Tres Illes.

PS: Encara hi són.

CF: Estan allà totes en fila. Necessitava uns fanals per posar als jardins i et vaig dir "per què no fas una làmpada que sigui com un homenet que t'acompanyi quan passeges?" i vas dissenyar aquesta peça esplèndida.

Si recordeu, els que sou de l'ofici, Le Corbusier dibuixava uns homenets i després els hi posava la pipa. Doncs és exactament això. Son tres peces iguals que giren cònicament amb tres potes i la llum surt per dalt, per baix i per les escletxes laterals que al girar donen a la peça un aire dinàmic.

I aquí en veiem una que treu a passejar a la Tai (rialles). Aquesta vegada vas complir l'encàrrec canònicament.

PS: La Làmpada 92 va ser un encàrrec teu concret; jo li deia Dalai Lama, me'n recordo .

CF: Tens alguna cosa més per afegir d'aquesta làmpada?

PS: No...

CF: Doncs jo sí. Ara hauràs d'explicar una història curiosa que no sap ningú.

Quan el Pete em va fer el disseny em va encantar. El vàrem acabar d'ajustar i li vaig dir: "fes-me'n una bona quantitat, ja te les encarregaran" i em vas contestar: "Em penso que serà difícil, doncs a Parcs i Jardins de l'Ajuntament volen una làmpada homologada, si no no te la deixen posar". Aquesta làmpada s'havia d'homologar i això trigava un any mínim... explica'ns què vas fer.

PS: (somriu) No en tinc ni idea.

(rialles)

CF: Vas cercar una altra làmpada.

PS: Ah si! Dins hi ha una làmpada homologada.

(rialles)

CF: Si us fixeu a la foto on està la Tai és la làmpada pura però en realitat les que estan col·locades a dins tenen un petit cilindre al centre per on arriba el corrent. El vàrem pintar de color negre amb una bola de vidre homologada a l'interior i la làmpada fa de funda difusor.

PS: De fet és com una pantalla.

CF: Sí, però ens en vàrem sortir i a dia d'avui, més de trenta anys després, llueixen magnífiques i estan com acabades de fer.

PS: Un bon disseny.

CF: Ja anem acabant. Aquesta col·laboració és molt més important. Un dia vaig anar a sopar a la casa que vaig fer per a la Regina y el Pete. De vegades cuina un, de vegades cuina l'altre... la teva especialitat ja la sé, és el "rissotto"...

PS: Sí, tinc una sèrie de plats que sempre es repeteixen.

CF: A la pèrgola mòbil de la terrassa en Pete hi havia posat una làmpada agafant un tall de mallat rovellat que havia sobrat de l'obra i li va posar una garlanda de Nadal per sobre.

PS: La tenia d'un arbre de Nadal que no fèiem servir.

CF: La va penjar amb un sedal de pesca i la va endollar. Un dia mentre sopàvem li vaig dir: "Escolta, amb el Borja hem de fer un restaurant pels Germans Torres i parlant vàrem pensar en proposar-te que perdessis una mica l'oremus i amb aquell mallat rovellat construïssis uns núvols enlluernats. Després ja veurem com ho expliquem als germans Torres, al Javier i al Sergio". En Pete va començar a demanar els mallats

mes grans que hi havia. Això permetia anar-los retallant irregularment perquè totes les làmpades eren de mides i formes diferents. A sobre afegia quatre o cinc garlandes que havia d'anar empalmant i després al restaurant les vàrem penjar de les encavallades.

PS: Sí.

CF: Per vendre la idea als germans Torres no els hi podia dir que era un mallat amb garlandes xineses de Nadal perquè m'haguessin dit: "Això vol ser un restaurant amb 3 estrelles Michelin, no podem posar qualsevol cosa!" A les hores els vaig explicar que havíem pensat posar unes làmpades dissenyades pel millor dissenyador que coneixíem, fetes única i exclusivament per aquest restaurant amb uns leds que semblarien núvols de mides diferents que es reflectirien a les lluernes donant al restaurant un ambient únic, confortable, de luxe..." "Però això no podrem pagar-ho, Carlos", i els vaig contestar: "Vosaltres no us preocupeu per això". Cada làmpada d'uns 12 m^2 tenia un cost material de menys de 100 €, més l'elaboració, l'adaptació de les garlandes i la instal·lació. Els vam dir "ho arreglarem perquè us les deixin a un preu que pugueu assumir".

Significant a la Regina Saura parlaríem del magnífic bosc que ens va pintar a la façana del carrer que és meravellós. I molt més elaborat en hores i en temps que les teves làmpades.

PS: Bastant més, sí. Ella treballa, a mi no m'agrada treballar.

CF: Arriba la màxima de les col·laboracions que es fer la casa a uns grans amics. Quelcom que un arquitecte no ha de fer mai, però en el nostre cas va ser encertat fer la casa junts, una casa compartida, com auto-construir als seus habitants, la Regina i el Pete.

Jo sempre he dit que fer un habitatge unifamiliar és per a mi el millor encàrrec. Perquè entre l'usuari i l'arquitecte no hi ha intermediaris, no hi ha "management" sinó que la relació és directa. Quan eliminem als intermediaris i tot surt bé, l'obra és un magnífic laboratori d'experimentació. Això em recorda als grans arquitectes de la historia com Le Corbusier i la seva Ville Savoye, la casa Farnsworth de Mies, la Falling Water de Frank Lloyd Wright o la Villa Mairea d'Alvar Aalto, i així podríem seguir identificant als grans arquitectes de la historia per les seves cases unifamiliars.

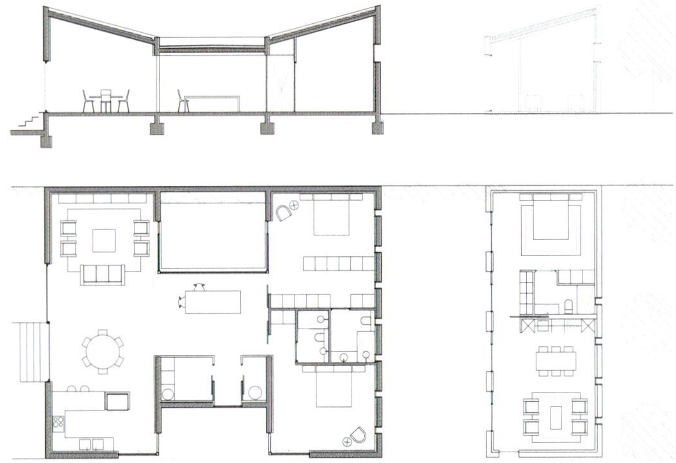

En aquest cas la casa havia de ser molt econòmica. Aquí podeu veure al Pete que feia de pintor de brotxa grossa.

PS: (rialles)

CF: I aquí tenim un pati que il·lumina l'interior de la casa, una coberta i una història curiosa. En aquest poble de Gaüses obliguen a posar teula envellida, per tant l'única manera de fer-ho sense que es vegi és amagant les teulades amb un "impluvium". D'aquesta manera compleixes. Ningú veu si té teula o no... L'arquitecte de l'Ajuntament des de casa seva deu pensar: "A l'arquitecte l'he fet posar en el seu lloc".

PS: Sí, ha guanyat.

(rialles)

CF: Bé, aquí tenim el Gospel a l'entrada vigilant i la llagosta del Pete al pati interior. Després els aràcnids a la cantonada de la piscina, la tauleta Aleta, el Xiprer, les cadires Divina, l'aparador, les prestatgeries, etc. La làmpada núvol no es veu però també hi es. En aquesta casa hi ha tot l'univers del Pete i la Regina, els seus quadres, les fulles pintades a la façana que presenta la casa al poble i a la gent...

Jo pensava que l'arquitecte municipal ens diria alguna cosa però... Li deu haver agradat molt perquè ho has pintat tu, Regina. Una bona pintora de renom.
Dit això, si vols, pots criticar la casa, malgrat que jo crec que ens ho hem passat molt bé.

PS: Molt bé.

CF: Hem fet una ampliació, un petit pavelló que hem fet a mitges. Tal i com deia Curzio Malaparte: "És una casa come me". Podries dir això?

PS: Sí, i tant.

CF: Per acabar aquesta col·laboració intensa parlem d'aquesta fotografia. Són escultures del Pete. Aquí sí que podries dir "se m'han aparegut".

PS: En feia moltes de peces com aquestes.

CF: Si, però vas fer una exposició a BROTS (ell va tenir una botiga, però potser avui no és el dia per parlar del tema). Crec que aquestes escultures podries considerar que són un bon disseny que no cal que serveixi per a res, excepte per gaudir-les, una altra manera d'entendre l'Art i el disseny.

PS: Sí.

CF: Passo a la darrera fotografia de l'esquerra i amb això acabaria la conversa per part meva.

Aquí veiem un bou que és una peça reciclada de ferro amb unes banyes afilades fetes amb un "rodó d'armar". És un toro bravo. Jo trobo que és una escultura amb una gran potència... Un dia et vaig dir: "Que maco és aquest brau", i me'l vas regalar.

PS: Sí.

CF: Darrera el bou hi ha un quadre pintat pel Jaume Sans, el pare d'en Pete. A veure, explica'ns.

PS: El meu pare era pintor.

CF: Com t'ha influït el teu pare?

PS: Evidentment m'ha influït molt. Era molt com jo, no li agradava treballar per exemple.

(rialles)

Totes aquestes coses les he heretat de la família. El meu pare era molt manetes, era culte... També va ser pintor i escultor surrealista, de fet va fer la primera exposició surrealista que hi va haver a Espanya.

CF: El Jaume Sans era un pintor del Grup ADLAN, que va ser un moviment artístic català fundat a Barcelona l'any 1932 per Joan Prats, Josep Lluís Sert y Joaquim Gomis, amb l'objectiu de promoure l'art de Vanguardia. Entre els seus membres figuraven Àngel Ferrant, Eudald Serra, Ramon Marinello, Artur Carbonell o Jaume Sans.

PS: Però tot això és posterior, el meu pare havia deixat de pintar i quan varen arribar els anys cinquanta i seixanta, va tornar a pintar a la casa de Cabrera que tenia un estudi molt gran.

CF: També li interessava fer negocis i va començar a comprar terrenys.

PS: No en tenia ni idea.

CF: Però es movia molt.

PS: Es movia perquè alguna cosa havia de fer, comprava i venia terrenys. És a dir, comprava terrenys a molt bon preu i després els venia fatal.

(rialles)

CF: Però tu te l'estimaves molt i tens moltes coses del seu caràcter...

PS: Sí, he heretat moltes coses d'ell. He heretat l'art i els mals negocis del meu pare. Però sempre hem viscut molt bé.

CF: Acabem amb una última imatge. Aviam, diuen que el millor símil que li pots dir a un artista és que és un vogador.

PS: Per què?

CF: Perquè quan tu vogues, la barca va cap enrere i al teu davant veus el camí que vas deixant. Un artista fa el mateix, només pot inspirar-se i aprendre dels que han estat abans. Jo crec que aquests dos personatges, ja de més edat, han estat pel disseny espanyol, el disseny català i el disseny mundial... molt importants.

PS: Molt, el Miquel Milà sobretot.

CF: L'altre déu n'hi do el que ha fet.

PS: Ara m'agrada perquè vaig veure el seu documental.

CF: Els he posat tots dos per una raó. Crec que tu com a dissenyador pertanys a aquesta genealogia. Aquests grans dissenyadors són d'una altra generació i has pogut aprendre d'ells. Per exemple, el cable que estires de la làmpada TMM del Miquel Milà, per no haver de posar un interruptor per encendre la làmpada.

Nosaltres vàrem rebre un regal de noces que ens va fer en Norman Cinnamond, un cub pel gel de porexpan dissenyat pel Miquel Milà.

PS: Sí, era perfecte i també molt maco.

CF: Un únic material. Posaves el gel i s'aguantava molt de temps, era genial. Ara, no era menys genial el cendrer Copenhagen de l'André Ricard.

PS: Era molt bo, sí .

CF: I referent al que hem comentat de la Lapa amb la qual fas el moviment a la inversa, l'André te unes pinces boníssimes que també venien amb el regal del Norman, amb el cub per gel.

PS: Que van al revés.

CF: Quan tu fas l'esforç d'estrènyer deixa anar el gel i quan deixes de fer pressió, l'agafa i s'aguanta. Perquè té una trava en mig, són realment genials. A això em referia quan parlava d'invertir l'esforç.

PS: L 'André Ricard és molt bon dissenyador industrial i molt professional, en sap molt. En Miquel Milà no és tant professional però té un gust extraordinari. Reconec que quan vaig guanyar el Delta d'Or vaig dir: "Jo faig disseny català".

CF: Aquí és on vull arribar! Aquesta era la meva pregunta final. Al nostre país tenim al Miquel Milà i també hem tingut al GATPAC i el Grup R i tota aquesta gent que varen fer una arquitectura i un disseny molt auster i molt brillant.

PS: Sí, al nostre país tenim mestres com el Miquel Milà, però a més tenim al Coderch i a tota aquesta gent que feien un disseny català molt auster! Els podríem situar com els antecedents d'una nissaga pròpia catalana.

MIGUEL MILÀ

ANDRÉ RICARD

PETE SANS

CF: M'has tret l'última pregunta de la boca! T'has anticipat.

PS: Fem disseny català!

CF: En un dels articles que feia en Jordi Badia pel diari ARA es va fer la mateixa pregunta. "Existeix una arquitectura catalana?". Al·ludí als mestres del GATCPAC, al Grup R, a arquitectes com en Coderch, així com a una altra generació de l'Escola de Barcelona en la que ens citava a alguns arquitectes, que formaven una línia de continuïtat en l'àmbit de l'arquitectura catalana, i en Miquel Milà seria un dels pares del disseny català.

PS: Sí, és evident, el pare del disseny català.

CF: Bé, doncs jo crec que tu n'ets un fill. Crec que tu pertanys a aquesta nissaga.

PS: Jo pertanyo a aquesta nissaga.

CF: Aquesta genealogia, aquesta nissaga del disseny que és un terme relativament modern. Culturalment vols ser un artista com el teu pare, però fas dissenys industrials magnífics. I amb aquest final, crec que per avui aquesta conversa ja no dóna per més...

PS: No sé si algú vol preguntar alguna cosa...

(Algú fa una pregunta)

CF: L'has sentit?

PS: No molt, ho sento molt malament.

CF: Demana que com pot ser que els teus dissenys de primera època no estiguin produïts al mercat, sent tant fàcils de produir com tu dius...

PS: Sí, perquè desgraciadament el disseny passa de moda. No hauria de passar perquè hi ha peces com la Coqueta que no saps si està feta a l'any 70 o al 2015. Però els dissenys passen de moda i els productors volen coses diferents, noves i que estiguin "a la onda". Aquestes coses de vareta doblegada que en dic jo de manyà de poble són coses molt senzilles, solucions que no interessen a ningú. La prova d'això es que jo tenia una sèrie de productes que m'agradaven, per exemple la Lamparaprima... que l'he tornat a editar... La làmpada Càlida que és aquell tub de paper... se'n van vendre molts i l'he tornat a editar. Els Xiprers que també es van vendre molt i van sortir a totes les revistes també els vaig tornar a editar. Els venia a la meva botiga BROTS... De fet, no els venia perquè no interessaven a ningú! "Però per què no en fas mes?" em deien. "Sí, vine i compra". Potser aquí molts de vosaltres els compraríeu.

CF: Jo crec que en un o altre lloc els tinc tots.

PS: La gent que heu vingut avui aquí sou els que compren bon disseny, però la resta que són 10 milions no. La prova és que ho he intentat però no funciona i menys que una productora et digui "Escolta, invertiré en això i ho produiré"

CF: Explica'm una cosa, la Lamparaprima tenia un problema amb el reglament de baixa tensió que segur que ja has solucionat.

PS: No, no l'he arreglada. No es pot. Un dia va venir a veure'm la directora de la botiga del MOMA i em va dir "Ens interessa que la Lamparaprima estigui a la botiga del MOMA, però l'hauries d'homologar". Vaig intentar homologar-la i d'entrada el tub de la vareta havia de ser més gros per poder passar el cable per dins i vaig pensar que no valia la pena perquè hagués quedat un xurro. Una Lamparaprima gruixuda no té cap sentit. És a dir, oblidem-ho!

CF: No et quedava el recurs de poder posar una altra làmpada homologada a dins... (rialles)

PS: Hauria d'haver fet això que vàrem fer amb la Làmpada 92, la Dalai Lama. Però era impossible. La Lamparaprima la venc a La Capell i ells ja ho saben. Santa & Cole la va tornar a agafar fa uns 8 o 9 mesos i em van dir: "ens interessa molt, intentarem tornar-la a fer". I han estat estudiant el sistema durant 8 mesos, fins i tot havien fet una bombeta especial que era una sofito a dins d'un vidre, una cosa complicadíssima.

Al final em van dir: "Escolta, no ens en sortim", una productora no pot vendre coses que no es poden homologar.

Jo faig el que vull però les productores no poden ferho amb els dissenys que son difícils de produir, no es volen arriscar.

CF: Mira, aquest estiu el Miquel Milà em deia que després de no sé quants anys havia aconseguit que en la TMM, el cilindre que s'enrotlla sobre la part de la base quadrada, finalment funcionés.

PS: Sí, ara funciona!

CF: Doncs això ho aconseguit en Miquel Milà, un senyor que en sap una estona...Ara fa exactament una hora que hem començat. És a dir que si us sembla...

PS: Tots al carrer.

(Aplaudiments del públic)

Cuando el **Espai d'Art de Just** me propuso presentar a **Pete Sans** en el ámbito de una exposición colectiva de pintura y escultura, me encontré con el siguiente dilema: por una parte a Pete Sans no le gusta que lo presenten y por otro considero que es impresentable, en el mejor sentido del término. Para él mismo es difícil situarse en el campo de la artesanía industrializada y la escultura, siempre defendiendo su libertad, a partir de la cual él propone sus ingenios o diseños que tendrán que ser aceptados como obras idóneas para la reproducción que comporta un proceso industrial.

Nos encontramos con un diseñador en el que su creatividad, originalidad y genialidad están fuera de duda, pero al mismo tiempo es inclasificable en cualquiera de las diferentes corrientes más allá de una austeridad que le haría pertenecer a una estirpe catalana de diseñadores que han sido los sus maestros, en especial Miquel Milà.

Es increíble lo que puede conseguir Pete Sans con un alambre o un mostrador de madera. Con la manipulación de pocos elementos consigue obras magníficas, funcionales y en las que a veces resulta difícil traspasar la línea que las convierte, a través del proceso industrial, en objetos cotidianos que nos acompañan a muchos de nosotros en nuestro día a día.
En nuestro caso, Inés y yo, en un sitio u otro tenemos la práctica totalidad de los objetos que Pete Sans ha conseguido introducir en el mercado. Objetos todos ellos que nos han hecho la vida mucho más fácil y placentera.

Por eso decliné hacer su presentación y le propuse ante su única obra expuesta, la "coqueta", mantener una conversación en la que fuera él mismo, a través de mi provocación, aseveraciones y preguntas, lo que mostrara su obra, así como la originalidad, rigor y sabiduría de sus planteamientos creativos.

El Espai d'Art de Sant Just estuvo de acuerdo con esta propuesta y pasado un tiempo de la conversación, he considerado adecuado publicarla, mostrando su trayectoria a través de imágenes y descripciones de los diseños con sus propias palabras .

*When the **Espai d'Art de Sant Just** proposed to me to present **Pete Sans** in the scope of a collective exhibition of painting and sculpture, I found myself with the following dilemma: on the one hand Pete Sans does not like that they present him and on the other hand I consider that he is unpresentable, in the best sense of the term. For him it is difficult to place himself in the field of industrialized crafts and sculpture, always defending his freedom, from which he proposes his devices or designs that must be accepted as works suitable for the reproduction involved in an industrial process.*

We meet a designer whose creativity, originality and genius are beyond doubt, but at the same time he is unclassifiable in any of the different currents beyond an austerity that would make him belong to a Catalan line of designers who have been the his teachers, especially Miquel Milà.

It's amazing what Pete Sans can achieve with a piece of wire or a wooden counter. With the manipulation of a few elements, he achieves magnificent, functional works in which it is sometimes difficult to cross the line that turns them, through the industrial process, into everyday objects that accompany many of us in our day-to-day life. In our case, Inés and I, in one place or another we have practically all the objects that Pete Sans has managed to introduce to the market. Objects that have made our lives much easier and more pleasant.

That is why I declined to make his presentation and proposed to him in front of his only exhibited work, the "coquette", to hold a conversation in which he was himself, through my provocation, assertions and questions, whatever he showed his work, as well as the originality, rigor and wisdom of his creative approaches.

The Espai d'Art de Sant Just agreed with this proposal and after some time of the conversation, I have considered it appropriate to publish it, showing its trajectory through images and descriptions of the designs in their own words .

CARLOS FERRATER: CARLOS FERRATER: Buenas noches. Queremos agradecer en primer lugar a la sala, a Laura Baringo ya toda la organización del Espacio de Arte, así como al Ayuntamiento de Sant Just ya su Alcalde Joan Bassaganyas a quien tenemos aquí con nosotros, su soporte para la organización de este acto. Se está haciendo un trabajo espléndido en Sant Just activando temas culturales y vale la pena hacer un esfuerzo entre todos por desarrollar la vida cultural de Sant Just.

Con Pete Sans hay algo más que una gran amistad que empezó hace muchos años cuando éramos todavía muy jóvenes. Él era el amigo de mi hermano pequeño. Es la razón por la que creo que a lo largo de nuestra vida hemos tenido un gran número de colaboraciones profesionales... No sabemos hacer negocios juntos porque siempre salen mal, pero sí hemos hecho cosas. Esa tarde espero que vayan saliendo temas y sea una conversación amena y relajada.

Carlos Ferrater

Pete Sans

Aquí tenemos a Pete de joven. Él nació en el 47 y yo en el 44.

Si analizamos esta fotografía podemos ver que tanto uno como otro éramos de otra generación. La nuestra es la llamada generación silenciosa. El otro día asistí a un debate entre generaciones. Detrás nuestro vienen los "baby boom", después la generación X que es la del cambio, y las

CARLOS FERRATER: *Good night. First of all, we want to thank the exhibition room, Laura Baringo and the entire organization of L'Espai d'Art, as well as the Sant Just Town Hall and its Mayor Joan Bassaganyas, who we have here with us, his support for the organization of this event. A splendid job is being done in Sant Just activating cultural issues and it is worth making an effort among all to develop the cultural life of Sant Just.*

With Pete Sans there is more than just a great friendship that started many years ago when we were still very young. He was my younger brother's friend. It's the reason why I think that throughout our lives we've had a large number of professional collaborations... We don't know how to do business together because it always goes wrong, but we've done things. This afternoon I hope that topics will emerge and it will be a pleasant and relaxed conversation.

Here we have Pete as a young man. He was born in 47 and I was born in 44.

If we analyze this photograph we can see that both of us were from another generation. Ours is the so-called silent generation. The other day I attended a debate between generations. Behind us come the "baby boomers", then generation X which is the generation of change, and generations Y and Z which are the youngest. This silent

generaciones Y y Z que son los más jóvenes. Esta generación silenciosa se caracteriza por no tener ordenadores, tablets ni móviles. En esta imagen hay un paralelo, unas escuadras, un escalímetro, unas plantillas, un compás...

PETE SANS: Por supuesto...

CF: Pertenecemos a la generación que dibujaba. Hay un lápiz allí en el rincón, el rótring... Y tú estás dibujando un plano.

Pete dice lo siguiente. "Yo no soy un diseñador industrial en el uso. Yo soy más bien un escultor industrial". Esto lo has dicho alguna vez.

PS: Por supuesto. Y todavía lo mantengo.

CF: ¿Por qué eres un escultor industrial y artesanal?

PS: Por varias razones. Porque cómo los diseñadores industriales trabajan para la industria dependen de lo que la industria les diga que necesitan. Entonces diseñan para satisfacer estas necesidades. A esto se le llama diseñar a partir de un "briefing".

Yo lo hago al revés. Yo hago como si fuera un escultor, un pintor o un artista puro. Yo diseño lo que me apetece.

generation is characterized by the fact that we did not have computers, tablets or mobile phones. In this image there is a parallax, squares, a scale, templates, a compass...

***PETE SANS:** So...*

***CF:** We belong to the generation that drew. There's a pencil over there in the corner, the pencil... And you're drawing a plan.*

Pete says the following. "I am not an industrial designer in use. I'm more of an industrial sculptor." Have you ever said that?

***PS:** And so much. And I still maintain it.*

***CF:** Why are you an industrial and artisanal sculptor?*

***PS:** For several reasons. Because how industrial designers work for industry depends on what industry tells them they need. They then design to meet those needs. This is called designing from a "briefing".*

I do it the other way around. I pretend to be a sculptor, a painter or "a pure artist". I design what I like.

And when I'm done with it then I try to place it, which is what an artist does when they exhibit a painting in an exhibition. The difference is this, I am a sculptor because I work for

Y cuando lo tengo terminado entonces intento colocarlo, que es lo que hace un artista cuando expone un cuadro en una exposición. La diferencia es esa, yo soy escultor porque trabajo por mí y después intento venderlo, algo que no es así en el caso del diseñador industrial....

CF: Yo si hago esto me arruino.

PS: Seguramente. Yo estoy arruinado desde siempre. (risas)

CF: Si tuviera que hacer una casa y después ver quién me la compra seguro que nadie la compraría.

PS: No, a mí tampoco cuando propongo un diseño.

CF: En esta fotografía hay algo que destaca, esa lámpara que tiene una pata y una rueda.

PS: Sí.

CF: ¿Qué es esto?

PS: Yo hacía muchos prototipos y esto es una lámpara que consistía en un tubito que llevaba un eslabón redondo con una bola. Se mantenía a contrapeso y la movía. Yo siempre he hecho bromas.

myself and then I try to sell it, which is not the case with the industrial designer....

***CF:** If I do that, I'll ruin myself.*

***PS:** For sure. I'm ruined forever. (laughs)*

***CF:** If I had to build a house and then see who would buy it, I'm sure no one would buy it.*

***PS:** No, neither do I when I propose a design.*

***CF:** In this photograph there is something that stands out, this lamp that has a leg and a wheel.*

***PS:** Yes.*

***CF:** What is that?*

***PS:** I used to make a lot of prototypes and this is a lamp that consisted of a tube that had a round ring with a ball.*

He kept himself as a counterweight and swayed her. I've always made jokes.

***CF:** As far as I can see, you didn't sell this one.*

CF: Por lo que veo, ésta no la vendiste.

PS: No. A ver, yo sólo he vendido como un siete u ocho por ciento de lo que he hecho. Y todavía... quizás me alargo demasiado.

CF: De acuerdo, lo dejamos en un 5%.

PS: Sí.

(risas)

Mira, esa foto es de tu hermano. La de las gafas de sol en la que hago de modelo.

CF: Esta imagen recoge el mundo de nuestra adolescencia y juventud. Sobre todo la tuya, la de mi hermano y la tuya.

Esto era "Tusset Street" el Carnavi Street Barcelonés. Aquí teníamos el Drac Store, el Renoma y los locales y bares mas "chics" de Barcelona.
Pete dice: "Menos estudiar hice un poco de todo, porque no me gustaba nada estudiar. Cuando era muy joven, con 17 o 18 años empecé a diseñar moda".

PS: Jerséis. A mí de joven me gustaba mucho ir a las discotecas. Un día, una novia que tenía, me acuerdo de que

***PS:** No. Let's see, I've only sold like seven or eight percent of what I've made. And still... maybe I'm going on too long.*

***CF:** Okay, let's leave it at 5%.*

***PS:** Yes.*

(laughs)

Look, that picture is of your brother. The sunglasses in which I model.

***CF:** This image captures the world of our adolescence and youth. Especially yours, my brother's and yours.*

This was "Tusset Street", Barcelona's Carnavi Street. Here we had the Dragon Store, the Renoma and the "coolest" bars and clubs in Barcelona.
Pete says: "Apart from studying I did a bit of everything, because I didn't like studying at all. When I was very young, 17 or 18 years old, I started designing fashion".

***PS:** Sweaters. When I was young, I really liked going to discos. One day, I had a girlfriend, I remember she was very beautiful, she was wearing a sweater that I liked so much that I asked her. In the winter I went to Barcelona and produced a similar one. I had a very good friend, Toni Miró,*

era guapísima, llevaba un jersey que me gustó tanto que le pedí. En invierno fui a Barcelona y produje uno parecido. Yo tenía un muy buen amigo, Toni Miró y le dije: 'Ahora hago jerséis, ¿qué te parece?'. "Sí, hazme dos amarillos, tres verdes... ¡Algo alucinante!

(risas)

Entonces monté una pequeña empresa en Rubí con unas señoras que tricotaban. Hice estos jerséis y se vendieron bien, pero sólo para la tienda de AMARILLO. Me gustó tanto ese rollo que me dediqué a diseñar más jerséis. Fui lo primero que hizo unos jerséis diferentes, porque cuando yo empecé, los jerséis eran todos Vitos o Pulligan.

CF: ¿De marca?

PS: Los jerséis los hacían empresas muy grandes. Gente que hicieran unos pocos no había tanta. Yo nunca iba a vender, la gente compraba... Yo sólo venía a Bocaccio . Iba a menudo a las discotecas y allí la gente me pedía 5, 8 o 6 jerséis; "pásate por la tienda"... Y así iba vendiendo jerséis hasta que tuve que irme a hacer la mili.

CF: Analizamos otros diseños tuyos...

Aquí hay dos objetos que están separados en el tiempo.

and I said to him: 'Now I make sweaters, what do you think?' "Yes, make me two yellow ones, three green ones... An amazing thing!

(laughs)

Then I set up a small company in Rubí with some ladies who knit. I made these sweaters and they sold well, but only for the YELLOW store. I liked this roll so much that I set out to design more sweaters. I was the first one to make different sweaters, because when I started, the sweaters were all Vitos or Pulligan.

***CF:** Branded?*

***PS:** The sweaters were made by very large companies. There weren't that many people who did a few. I never went to sell, people bought... I only sold in Bocaccio. I often went to discos and there people asked me for 5, 8 or 6 sweaters; "pásate por la tienda"... And so I went on selling sweaters until I had to leave to do the mili.*

***CF:** Let's look at other designs of yours...*

Here are two objects which are separated by time.

The Lamparaprima from 79 and the Coqueta from 87, which we have here and which was Delta d'Or from 88.

La Lamparaprima del 79 y la Coqueta del 87, que la tenemos aquí presente y que fue Delta d'Or del 88.

PS: Delta de Oro del 88, sí.

CF: Es decir, lo sé porque entonces yo era presidente del ADI-FAD y del jurado, y por unanimidad absoluta de todo el jurado, al ver la Coqueta ya no hubo que continuar. Ya lo habíamos visto todo. Evidentemente tomamos notas de todos los objetos presentados tal y como hacen los jurados.

El Delta de Oro era la máxima distinción en diseño que había y que todavía existe en España, pero en ese momento además era la única.

PS: Y los Delta siguen siendo de los premios más apreciados y ser seleccionado en los Premios Delta siempre ha sido muy importante para un diseñador.

CF: Fíjese en algo, hay casi una década entre la Lamparaprima del 79 y la Coqueta del 88 premiada con el Delta de Oro, tiempo durante el cual Pete Sans hizo muchos diseños.

PS: Yo tenía mucha afición en hacer cosas con las manos y hacía lámparas. Un día hice la Lámparaprima y me dieron muchos premios internacionales. Entonces pensé: "Ahora me dedicaré a esto".

***PS:** Delta d'Or from 88, yes.*

***CF:** In other words, I know because at the time I was president of the ADI-FAD and of the jury, and by absolute unanimity of the entire jury, after seeing Coqueta there was no need to continue. We had already seen it all. Obviously we took notes of all the objects presented as the juries do.*
The Delta d'Or was the highest distinction in design that existed and still exists in Spain, but at the time it was also the only one.

***PS:** And the Deltas are still one of the most appreciated awards and being selected for the Delta Awards has always been very important for a designer.*

***CF:** Pay attention to one thing, there is almost a decade between the Lamparaprima of 79 and the Delta d'Or awarded Coqueta of 88, during which time Pete Sans made many designs.*

***PS:** I was very fond of making things with my hands and made lamps. One day I made Lámparaprima and they gave me many international awards. Then I thought: "Now I will dedicate myself to this".*

***CF:** Said and done. I think the Lámparaprima is absolutely brilliant and absolutely Pete Sans because it takes a soffit light bulb and transforms it into a brilliant, minimalist piece.*

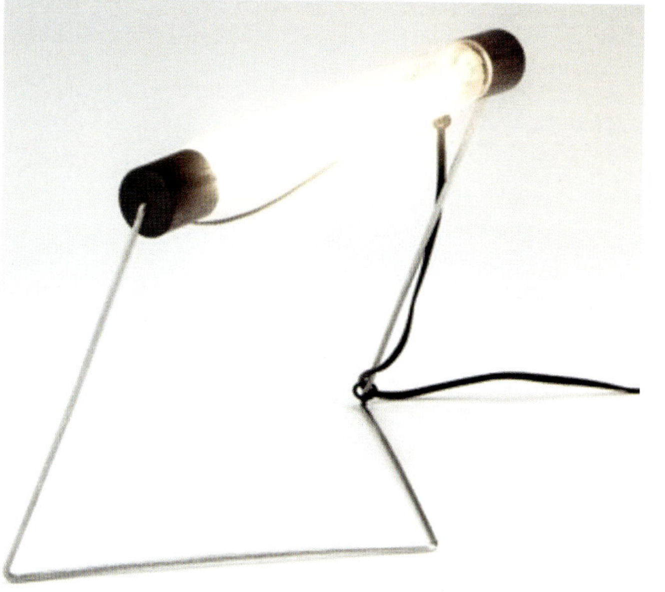

CF: Dicho y hecho. La Lámparaprima creo que es absolutamente genial y absolutamente Pete Sans porque coge una bombilla sofito y la transforma en una pieza genial y minimalista.

PS: Sí, estoy de acuerdo.

CF: Porque los aparatos para poner un sofito eran espantosos y él coge dos casquillos y un alambre, lo dobla, lo aprieta para dejarlo fijado y ya tiene una lámpara que con una chincheta la puedes colgar en la pared por la punta , dedo y hecho.

PS: Sí, dicho y hecho.

CF: Es un diseño absolutamente extraordinario. Es normal que le dieran premios.

¿Este diseño lo hiciste como lo que decías que primero haces lo que quieres y después lo intentas colocar?

PS: No, lo hice para alumbrar mi tocadiscos.

CF: (risas) La Coqueta por ejemplo, creo que tiene todo un proceso de elaboración más sofisticado y complejo.

***PS:** Yes, I agree.*

***CF:** Because the devices to put a soffit were terrible and he takes two caps and an iron wire, bends it, tightens it to leave it fixed and he already has a lamp that with a thumbtack you can hang it on the wall by the end , said and done.*

***PS:** Yes, said and done.*

***CF:** It's an absolutely extraordinary design. It is normal that they gave him prizes.*

Did you make this design like what you said you do what you want first and then try to place it?

***PS:** No, I made it to light up my record player.*

***CF:** (laughter) La Coqueta, for example, I think has a whole more sophisticated and complex production process.*

***PS:** Yes.*

***CF:** And besides, it didn't come out of nowhere and I'll prove it to you. I think that the Lamparaprima should come from a*

PS: Sí.

CF: Y además no te salió de repente y te lo demostraré. Creo que Lamparaprima te debería salir de una "idea feliz" como cuando dices "se me ha aparecido". En cambio, la Coqueta tiene todo un proceso muy elaborado.

En esa década pasaron muchas cosas y hiciste muchos diseños. En esta imagen he elegido a unos cuantos que a mí me gustan mucho. La primera es la Mesa Mesita.

Y aquí dices: "Mi forma de trabajar es que todos los productos que diseño son productos que sé hacer. No he diseñado sólo el objeto, sino que he diseñado el camino para fabricarlo".

Fíjese en la Mesa Mesita. Al lado hay unas maderas con unos ojales. La mesa se monta simplemente encajándola.

Se pasan las tres piezas por los ojales y se encajan. Es absolutamente genial. ¡Te anticipas a Ikea!

PS: Quizás sí...

CF: ¡Es un diseño que sale de una idea de ensamblaje que además es muy bonita! Es un buen producto industrial pero también escultura industrializada a partir de un sistema ingenioso.

MESA MESITA 1985

SISTEMA ELEMENTAL 1986

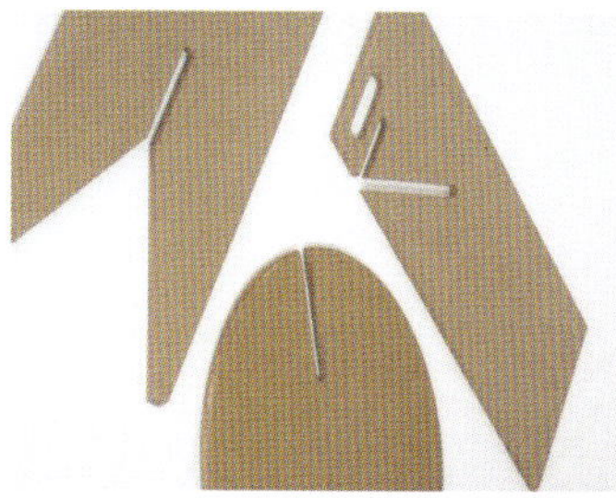

ALETA 1988

"happy idea" like when you say "it has appeared to me". On the other hand, Coqueta has a very elaborate process.

A lot happened in that decade and you did a lot of designs. In this image I have chosen a few that I really like. The first is the Mesa Mesita.

And here you say: "My way of working is that all the products I design are products I know how to make. I have not only designed the object, but I have designed the way to manufacture it".

Look at the Mesa Mesita. Next to it are some woods with some holes. The table is assembled simply by snapping it together.

The three pieces are passed through the eyelets and fit together. It's absolutely great. You anticipate Ikea!

***PS:** Maybe yes...*

***CF:** It's a design that comes from an assembly idea that's also very pretty! It is a good industrial product but also an industrialized sculpture based on an ingenious system.*

***PS:** It wouldn't be worth making an ugly design.*

***CF:** It wouldn't be worth it. Next to it we have a system that*

TRIPTICA 1988

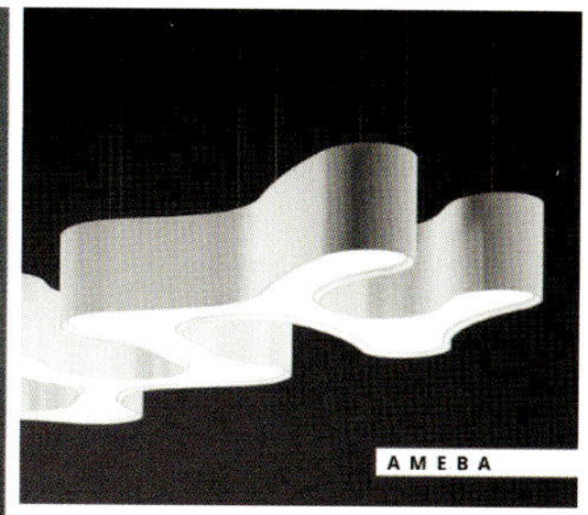

AMEBA

OBLICUA

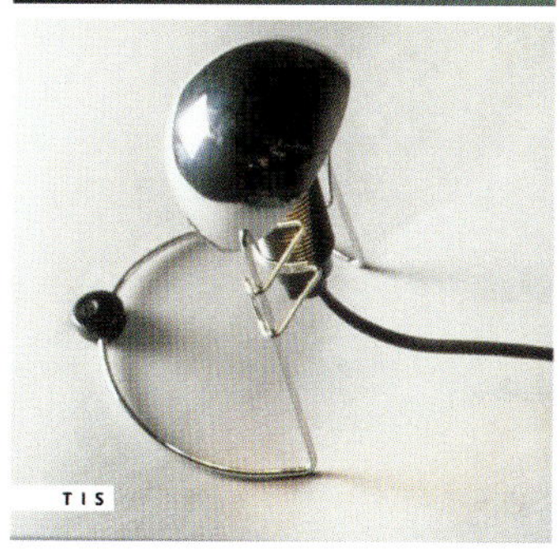

TIS

PS: No merecería la pena hacer un diseño feo.

CF: No valdría la pena. Al lado tenemos un sistema que denomina Sistema Elemental. Una mesa doble que tiene unos conos, un cristal y dos sobres. Además, estas tablas pueden ser circulares, cuadradas, rectangulares...

PS: Sí, la aportación es la pieza cónica que soporta ambos sobres.

CF: La mesita Aleta que es como un carrito.

PS: No sé si se da cuenta pero es prima hermana de la Coqueta. Es decir, si tú a la Coqueta le quitas el asiento de médula y le pones un sobre, es Aleta. No pensé demasiado digamos.

CF: Estamos evolucionando para llegar al Delta de Oro.

PS: Exacto (risas).

CF: También tenemos la Tríptica. Yo tengo en Menorca y dan una luz que crea atmósfera. Y debajo tenemos a Tis.

you call the Elemental System. A double table that has some cones, a glass and two envelopes. In addition, these tables can be circular, square, rectangular...

PS: *Yes, the contribution is the conical piece that supports the two envelopes.*

CF: *The Aleta table that is like a cart.*

PS: *I don't know if you realize it, but she is Coqueta's first cousin. That is to say, if you remove the pith seat from Coqueta and put an envelope on it, it is Aleta. I didn't think too much let's say.*

CF: *We are evolving to reach the Golden Delta.*

PS: *Exactly (laughter).*

CF: *We also have the Triptych. I have them in Menorca and they give a light that creates an atmosphere. And below we have the Tis.*

PS: *The Tis*
CF: *It is one of those objects that everyone would have liked to make. It is a small cap with a small bulb that is held by the pressure of the iron wire on the cap, just like the Lamparaprima. But it's not a triangle like the Prima but a*

PS: La Tis

CF: Es un objeto de aquellos que a todo el mundo le hubiera gustado hacer. Es un pequeño gorro con una pequeña bombilla que se aguanta por la presión del alambre sobre el gorro, al igual que en la Lamparaprima. Pero no es un triángulo como Prima sino un semicírculo y con una chincheta también puedes colgarla en la pared... Yo en casa la tengo iluminando mi galán de noche.

Hice un agujero en el espejo y la coloqué allí. Queda fantástica, se refleja en el espejo y completa el círculo. Al lado tenemos dos lámparas, una que me encanta Oblicua, que de hecho se asemeja a la Prima. Obliqua es una lámpara que no sale de una bombilla sofito sino de una linestra.

Le pones dos casquillos y otra vez el alambre.

PS: Y luego voy a explicar algo bastante curioso al respecto.

CF: De acuerdo. Y finalmente tenemos a Ameba que es un sistema... Lo he puesto en esta colección sabiendo que es posterior a la década de los 80 porque emparenta con los diseños de esta década.

Ameba es posterior, pero creo que es un camino parecido a los diseños de la década anterior con más riesgo.

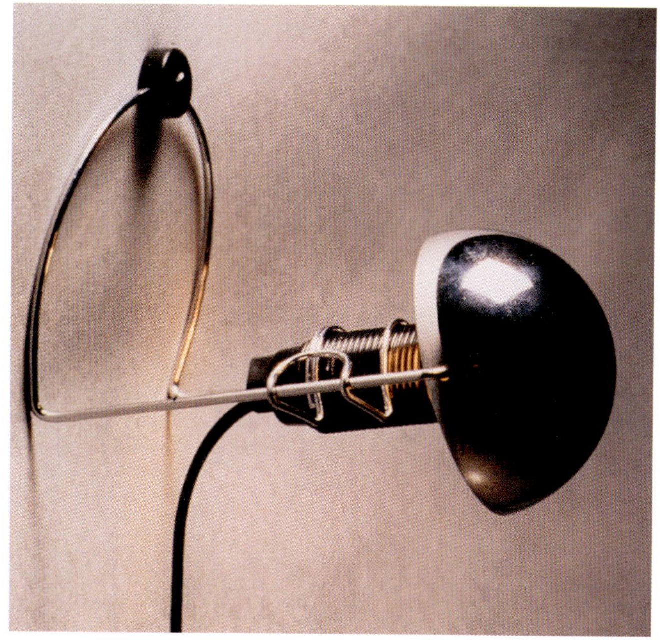

semicircle and with a thumbtack you can also hang it on the wall... I have it at home lighting up my nightstand.

I made a hole in the mirror and placed it there. It looks fantastic, reflects in the mirror and completes the circle. Next to it we have two lamps, one that I love the Obliqua, which actually looks like the Prima. The Obliqua is a lamp that does not come from a soffit bulb but from a linestra.

You put two caps on it and again the wire.

***PS:** And then I'll explain something rather curious about this.*

***CF:** Okay. And finally we have the Ameba which is a system... I put it in this collection knowing that it is from the 80s because it is related to the designs of that decade.*

The Ameba is later, but I think it is a path similar to the designs of the previous decade with more risk.

***PS:** It's the same line but with more technology.*

***CF:** Well, now it's your turn to tell us what you think.*

***PS:** There is nothing to explain, you can see everything. The only thing that is not seen is something that surely no one is*

PS: Es la misma línea pero con mayor tecnología.

CF: Bien, ahora te toca a ti explicarnos qué piensas.

PS: No hay nada que contar, ya se ve todo. Lo único que no se ve es algo que seguramente no le interesa a nadie. A mí me interesaba mucho y nadie lo ha valorado... pero Obliqua tiene dos piezas, una abajo que coge el gorro de debajo de la línea y otra arriba, ¿de acuerdo? Si coges estas piezas y las unes se forma un círculo.

CF: Ahora sí que deberemos volver a valorarla.

PS: Nadie lo sabe. Si tomas un círculo y lo cortas por la mitad y cada mitad la cortas siguiendo un ángulo determinado, haces la pieza de abajo y la pieza de arriba.

CF: Has cerrado el círculo.

PS: Exacto. Nadie lo ve, pero yo sí. Disfruté mucho haciendo esta lámpara.

CF: Pues yo ahora disfruto mucho sabiéndolo. ¿La podemos encontrar en el mercado Obliqua?

PS: No.

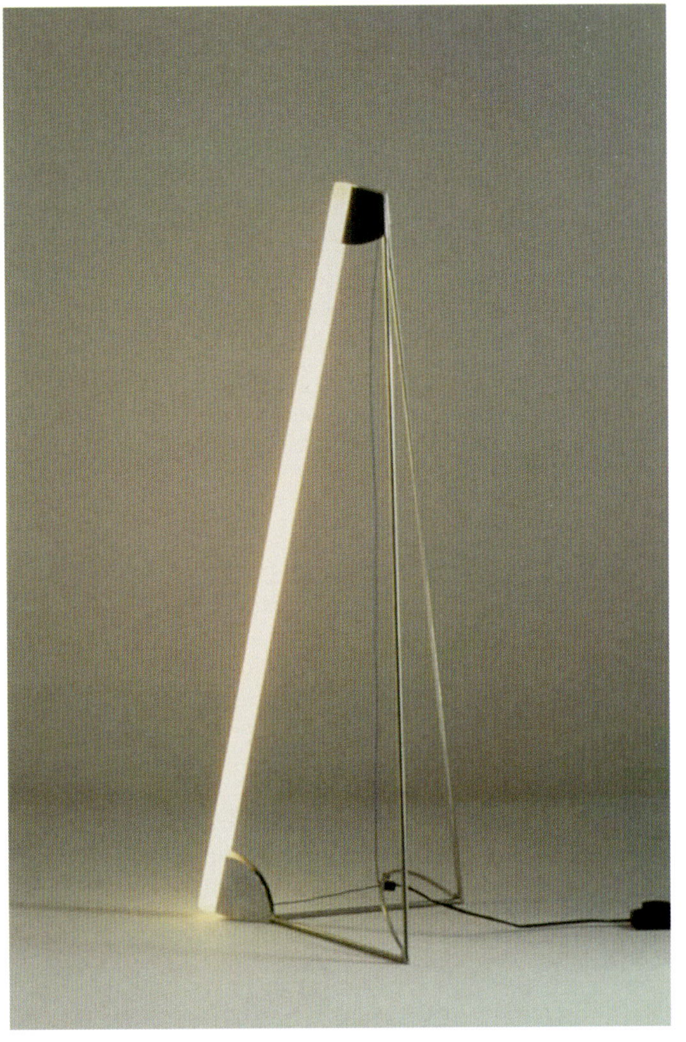

interested in. I was very interested and no one has rated it... but the Obliqua has two pieces, one at the bottom that takes the cap under the linestra and another at the top, okay? If you take these pieces and join them, a circle is formed.

***CF:** Now we will have to reassess it.*

***PS:** Nobody knows. If you take a circle and cut it in half and cut each half at a certain angle, you make the bottom piece and the top piece.*

***CF:** You've come full circle.*

***PS:** Exactly. No one sees it, but I do. I really enjoyed making this lamp.*

***CF:** Well, now I really enjoy knowing it. Can we find it at the Obliqua market?*

***PS:** No.*

***CF:** Are there any of these that we have seen that are on the market?*

***PS:** Yes. Amoeba is a system. The others are from the 80s.*

***CF:** But they are great designs, why aren't they on the market?*

CF: ¿De esas que hemos visto hay alguna que esté en el mercado?
PS: Sí. Ameba, es un sistema. Las demás son de los años 80.

CF: Pero son diseños buenísimos, ¿por qué no están en el mercado? Quizá sea una pregunta que te haré más tarde.

PS: Todo esto es muy antiguo.

CF: Aquí tenemos la mesa P´hidea y la lámpara Cálida, la cual verás en casa esta noche. Son dos piezas extraordinarias. Fidea es una mesa con un cristal con el que vuelves a hacer lo mismo. Plegas un alambre...

PS: Cuando la presenté en BD, hice los alambre y un cristal encima. Si estos alambre los tiras arriba caen siempre formando un plan para recibir el sobre.

CF: Para mí esto es pura geometría, se mantiene el rigor estructural y el concepto es muy original al generar un plan.

PS: ¡Es bestial! Nunca preveí que haría esto pero salió así.

CF: En ocasiones las soluciones salen de los errores, de las casualidades o mejor, de las intuiciones.

PS: Sí, de probar... vas probando... Cálida por ejemplo la hice

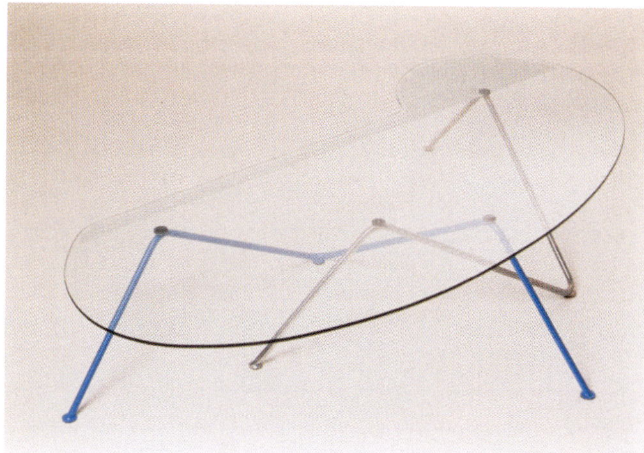

Maybe that's a question I'll ask you later.

PS: *This is all very old.*

CF: *Here we have the P'hidea table and the Cálida lamp, which you will see at home tonight. They are two extraordinary pieces. La Fidea is a table with a glass with which you do the same thing again. Fold a wire...*

PS: *When I submitted it to BD, I did the iron wires and a glass on top. If these wires pull up, they always fall forming a plane to receive the envelope.*

CF: *For me this is pure geometry, the structural rigor is maintained and the concept is very original when generating a plan.*

PS: *It's beastly! I never predicted that I would do this but it turned out this way.*

CF: *Sometimes solutions come from mistakes, from coincidences or better, from intuitions.*

PS: *Yes, to try... you keep trying... La Cálida, for example, I did it because I had a cardboard box to do some tests and it was rolled up in a very forced way. Then I took the paper, rolled it inside out and put it inside a tube to keep it. When I took it out I thought: this is a lamp!*

porque tenía un cartón para hacer unas pruebas y estaba enrollado de forma muy forzada. Entonces cogí el papel, lo enrollé al revés y lo puse en un tubo para mantenerlo. Al sacarlo pensé: ¡esto es una lámpara!

CF: (risas) Ahora no sé porqué no nos dedicamos todos a diseñar, ¡esto es muy fácil!

PS: Salió de repente, no estaba previsto.

CF: ¿Puedes hacer algo más pensado?

PS: No sé.

CF: Pues ahora me permitirás que te critique viendo esta serie de diseños.

PS: De acuerdo.

CF: Dejamos la copa FAD que está en la copoteca del FAD desde 2013. Es una caña de bambú con 3 cortes. El FAD encarga cada año una copa a un diseñador y con todas las elaboradas a lo largo del tiempo ha formado una impresionante copoteca. Si le apetece, le aconsejo que vaya al FAD y pida que le enseñen la copoteca que tienen. Allí encontrará las piezas de los mejores diseñadores que ha habido en este país y algunos de fuera. Es espléndida.

***CF:** (laughs) Now I don't know why we don't all design, that's so easy!*

***PS:** It came out of the blue, it wasn't planned.*

***CF:** Can you do something more thoughtful?*

***PS:** I don't know.*

***CF:** Well now you will allow me to criticize you by seeing this series of designs.*

***PS:** OK.*

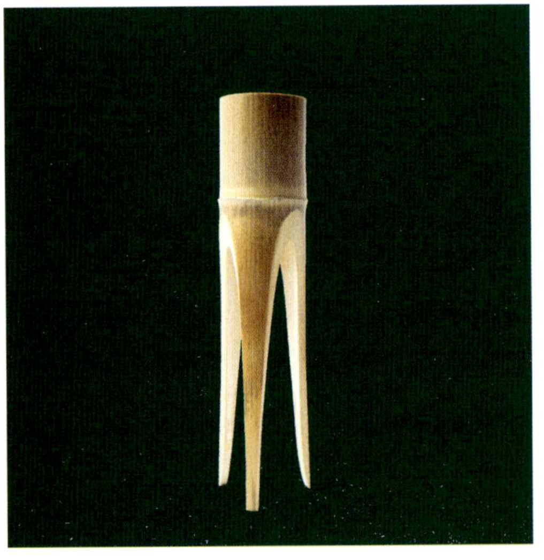

***CF:** We leave the FAD cup that has been in the FAD library since 2013. It is a bamboo cane with 3 edges. Every year the FAD commissions a glass from a designer and with all the ones produced over time it has formed an impressive collection of cups. If you feel like it, I advise you to go to the FAD and ask them to show you the library they have. There you will find the pieces of the best designers that have ever existed in this country and some from abroad. She is splendid. And this was the cup that Pete Sans designed.*
The other objects in the image, the Arachnida you designed and BD I think put together a great Arachnida exhibition. And you can imagine the Gospel is a pet. And the Konos lamp, in different colors. These are designs from the late 90s and early 2000s.

Y esa era la copa que Pete Sans diseñó.

Los otros objetos de la imagen, la Arácnida que diseñaste y BD creo que montó una gran exposición de Arácnidas. Y Gospel ya imagináis que es una mascota.
Y la lámpara Konos, en distintos colores. Éstos son diseños de finales de los 90 y comienzos de los 2000.
Así como en los diseños de los años 80 de la pantalla anterior ya se puede averiguar que el diseñador es Pete Sans, aquí si alguien viera estos otros ya tendría más dudas.

PS: Quizás sí.

CF: Porque ya son más formalistas. Es decir, aquí puedes pensar que hay otros diseñadores como Mariscal que ha hecho mascotas o Òscar Tusquets cuando ha hecho algún arácnido y la serie Cono, que son unas lámparas que tienen un lenguaje más lejano de las formas puras que te caracterizan.

PS: Hombre, no son tan minimal como las demás pero no hay nada.

CF: Yo me refería a la distancia no sólo en el tiempo sino en la mayor pureza de los diseños e ingenios de la década anterior.

PS: Pero si te fijas, excepto Gospel. Lo tengo en casa y lo

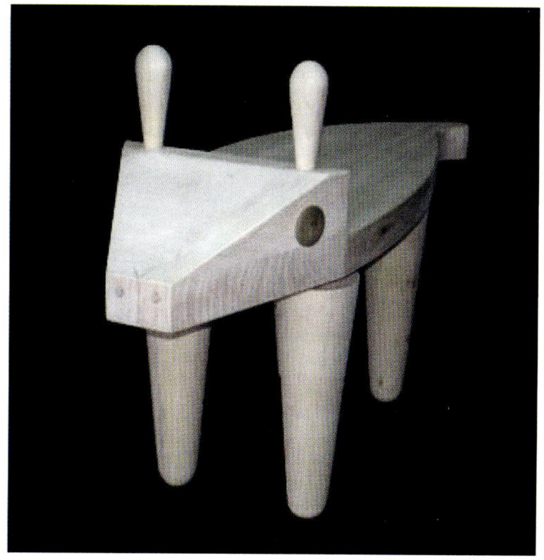

As in the designs of the 80s on the previous screen you can already find out that the designer is Pete Sans, here if someone saw these others they would have more doubts.

***PS:** Maybe so.*

***CF:** Because they are already more formal. In other words, here you can think that there are other designers like Mariscal who made pets or Óscar Tusquets when he made some arachnids and the Cono series, which are lamps that have a language that is further away from the pure forms that you characterize*

***PS:** Man, they're not as minimal as the others but oh well.*

***CF:** I was referring to the distance not only in time but in the greater purity of the designs and ingenuity of the previous decade.*

***PS:** But if you look at it, except for the Gospel. I have it at home and I made it for an exhibition and not to sell the design. As I really liked it, when I set up the BROTS store, I made a little dog of these, as a commission I made myself. It was not intended to be a functional design. The others were orders or proposals of mine.*

***CF:** We have an interesting topic here. In addition to drawing an object, in this case you design a system that you call*

hice para una exposición y no para vender su diseño. Como me gustaba mucho, cuando monté la tienda BROTS, hice un perrito de éstos, como un encargo que me hice yo mismo. No pretendía ser un diseño funcional. Los demás fueron encargos o propuestas mías.

CF: Aquí tenemos un tema interesante. Además de dibujar un objeto, en este caso diseñas un sistema que llamas Sistemas Integrales. En este punto dices: "Cuando llego a un diseño que está solucionado de forma muy elemental, para mí es el máximo placer".

PS: Lo máximo, sí.

CF: Has solucionado un sistema integral y al mismo tiempo soluciones una cuestión compleja, un sistema integral para oficina con un diseño de una simplicidad, ergonomía y economía, admirables. Incluso tú mismo o alguien de marketing ha montado esta fotografía de la mesa montada con el mantel listo para el almuerzo o la cena. Observa que la mesa del Sistema Integral se transforma en un comedor y la papelera en el cubo para el hielo, para enfriar el cava. ¡Extraordinario!
Es un sistema increíble. ¿Y por qué no se hace la Serie Integral? El USM Haller es un sistema suizo fantástico, hacen mesas y muebles accesorios que son económicamente bastante inaccesibles, y en cambio este sistema tuyo es más

Integral Systems. At this point you say: "When I arrive at a design that is solved in a very elementary way, for me it is the greatest pleasure".

***PS:** The maximum, yes.*

***CF:** You have solved a comprehensive system and at the same time solve a complex issue, a comprehensive office system with a design of admirable simplicity, ergonomics and economy. Even yourself or someone in marketing has put together this photograph of the table set with the tablecloths ready for lunch or dinner. Note that the Integral System table transforms into a dining room and the bin into the ice cube, to cool the cava. Extraordinary!*

It's an amazing system. And why not the Integral Series? The USM Haller is a fantastic Swiss system, they make tables and accessory furniture that are economically quite inaccessible, and instead this system of yours is more popular, more affordable. I think it would be great to have it on the market.

***PS:** No... This has history. I designed it myself. We produced it with a group in which there was someone who worked at Santa & Cole. We started from the USM Haller but we wanted to do something simpler, at a time when office furniture had technical legs to run cables inside and all the installations were hidden. I made four legs and an envelope and it was very*

popular, más asequible. Creo que sería fantástico tenerlo en el mercado.

PS: No... Esto tiene historia. La diseñé yo solo. Lo producimos con un grupo en el que había alguien que trabajaba en Santa & Cole. Partimos de la USM Haller pero queríamos hacer algo más sencillo, en un momento en que los muebles de oficina tenían patas técnicas para subir cables por dentro y se escondían todas las instalaciones. Yo hice cuatro patas y un sobre y tuvo mucho éxito. Rafael Moneo lo puso por todas partes, Inés Arquer lo puso en la Mutua de Abogados... Se vendió muchísimo. Mucha gente lo puso pero uno de los socios que se erigió en ninguno era un inepto y no prosperó.

CF: Ésta es la explicación de que esta maravilla de Sistema Integral no esté en el mercado para poder ponerlo en las oficinas...

PS: Luego se lo quedó DB pero tardó unos años en ponerlo a la venta.

CF: Esto está bien para darnos cuenta de cómo funciona el mundo del diseño. Primero es la creación y después viene un proceso largo para poner las cosas en el mercado, es muy complicado.

Mira, a veces dices: "Yo visualizo los objetos enteros y

successful. Rafael Moneo put it everywhere, Inés Arquer put it in the Mútua d'Advocats... It sold a lot.

A lot of people put him in but one of the partners who became head was an inept and he didn't prosper.

***CF:** This is the explanation why this wonder of the Integral System is not on the market to be able to put it in the offices...*

***PS:** Then DB kept it but it took a few years to put it up for sale.*

***CF:** This is good for realizing how the design world works. First is the time of creation and then comes a long process to put things on the market, it's very complicated.*

Look, sometimes you say, "I visualize whole and finished objects. I draw them, make models, prototypes, but I already had the product in mind. It appeared to me".

***PS:** The products used to appear to me, but not anymore.*

***CF:** And then you add: "I make the type of product I want, I make it when I want and how I want."*

***PS:** Yes, it's true. This is what I said at the beginning. The artist usually makes the type of product that works well for him and especially when it comes from within.*

terminados. Los dibujo, hago maquetas, prototipos, pero el producto ya lo tenía en la cabeza. Se me ha aparecido".

PS: Es que los productos me aparecían, ahora ya no.
CF: Y después añades: "Hago el tipo de producto que quiero, lo hago cuando quiero y cómo quiero".

PS: Sí, es verdad. Esto es lo que he dicho al principio. El artista suele realizar el tipo de producto que le sale bien y sobre todo cuando le sale de dentro.

CF: Ha quedado muy claro.

PS: Pero después no se vende ni a tiros. Tengo carpetas y carpetas de dibujos...

CF: Entonces, si esto es verdad, explícame qué es esta hoja. Mira, a la derecha tenemos una columna en la que está la Coqueta, está la Tenorio, la Mesa Mesita y tantas otras posibles propuestas inacabadas.

PS: Sí, he intentado hacer tantas cosas que no han servido de nada...

CF: Aquí abajo está Lapa que es fantástica. Es como una Tis con el mismo gorro pero atravesada por una varita muy delgada, creo que con dos ventosas en los extremos, la doblas

***CF:** It has become very clear.*

***PS:** But then it doesn't sell out of hand. I have folders and folders of drawings...*

***CF:** So, if that's true, tell me what this sheet is. Look, on the right we have a column in which is the Coqueta, there is the Tenorio, the Mesa Mesita and so many other possible unfinished proposals.*

***PS:** Yes, I have tried to do so many things that have not helped...*

***CF:** Down here is Lapa which is fantastic. It's like a Tis with the same cap but crossed by a very thin rod, I think with two suction cups at the ends, you bend it and press it in a corner.*

***PS:** They weren't suction cups, it was a rod with pointed ends that, when bent, was stuck in a corner.*

***CF:** Stuck like a Lapa. Because you do the movement in reverse*

***PS:** Yes, it was to take advantage of the steel nerve flexibility.*

***CF:** And to get it off the wall?*

***PS:** You squeeze again and take it out.*

y la estampes en una esquina.

PS: No eran ventosas, era una varilla con los extremos puntiagudos que doblándola quedaba enganchada a una esquina.
CF: Pegada como una Lapa. Porque haces el movimiento a la inversa

PS: Sí, era para aprovechar la flexibilidad del nervio de acero.

CF: ¿Y para sacarla de la pared?

PS: Volvías a apretar y la sacabas.

CF: ¿Tú recuerdas algún diseño similar?

PS: Ahora no, pero podría.

CF: Ya saldrá... Es de otro diseñador que también hace en su diseño el movimiento a la inversa. Luego lo verás.

Aquí está la Lámparaprima que es el dibujo de abajo a la derecha por completo. A Lamparaprima le pusiste un difusor que es simplemente una chapa de acero que se pone sobre la bombilla Sofito y lo puedes ir orientando. Es lo que le faltaba... yo leo por las noches en Menorca con Lamparaprima con difusor.

***CF:** Do you remember any similar designs?*

***PS:** Not now, but it could be.*

***CF:** It's coming out... It's from another designer who also makes the reverse movement in his design. Then you will see.*

Here is the Lámparaprima which is the drawing on the bottom right of the whole. In the Lamparaprima you put a diffuser which is simply a sheet of steel that you put on the Sofito bulb and you can orientate it. It's what he was missing... I read at night in Menorca with the Lamparaprima with diffuser.

Look at the amount of designs and drawings that are here. In some it looks like you are fighting. There are many designs that we recognize such as the Aleta, the Table... On the other hand, are there others that could perhaps be an evolution towards the Coqueta?

***PS:** Here are the sketches of the first Coqueta. I spent like 2 or 3 years doing it.*

***CF:** So it didn't appear to you all of a sudden, it was the result of many years of work to get to this masterpiece.*

***PS:** Yes.*

Fíjate la cantidad de diseños y dibujos que existen aquí. En algunos parece que te estás peleando. Hay muchos diseños que reconocemos como Aleta, Mesita... En cambio, hay otros que quizás podrían ser una evolución hacia la Coqueta?
PS: Aquí están los esbozos de la primera Coqueta. Estuve como 2 o 3 años haciéndola.

CF: Así que no se te apareció de repente sino que fue fruto de muchos años de trabajo para llegar a esta pieza maestra.

PS: Sí.

CF: ¿3 años?

PS: Sí, la tenía en el estudio y de vez en cuando se me ocurría una idea. Al principio la Coqueta tenía una piel de cabra que a mí me gustaba mucho.

CF: Y las patas están atadas con una pieza estirada regulable.

PS: Exacto, porque cuando sentabas, como las varillas medían 12 mm de espesor, la silla se abría y se movía de un lado a otro. Era insoportable. Luego se me ocurrió hacerla de médula ya que armaba mejor la silla pero era imposible que aguantara. Ahora todo el mundo valora muchísimo el cinturón, que curiosamente fue por accidente, pues cuando sentabas las patas eran tan finas que se abrían.

***CF:** 3 years?*

***PS:** Yes, I had it in the studio and every now and then an idea came to me. In the beginning, Coqueta had a goat skin that I really liked.*

***CF:** And the legs are tied with an adjustable stretch piece.*

***PS:** Exactly, because when you sat, as the rods were 12 mm thick, the chair opened and moved from side to side. It was unbearable. Then I came up with the idea of making it out of pith, since it made the chair better, but it was impossible for it to hold. Now everyone values the belt very much, which curiously was by accident, because when you sat down your legs were so thin that they opened. At that time Regina and I were making belts and I took a belt and put it on.*

***CF:** A leash?*

***PS:** Exactly, I put on a strap, looked at it and thought, I'll leave it at that!*

***CF:** Golden Delta. With this we would end the first part. The second part is more personal.*

***PS:** Well, this one was already very personal...*

En ese momento con Regina hacíamos cinturones y cogí un cinturón y lo puse.

CF: ¿Una correa?

PS: Exacto, puse una correa, me la miré y pensé, ¡lo dejo así!

CF: Delta de Oro. Con esto terminaríamos la primera parte. La segunda parte es más personal.

PS: Pues ésta ya era muy personal...

CF: ¡Ya verás ahora! (risas). Ésta es muy personal porque explica la colaboración que hemos tenido tú y yo.

El primer encargo que le hice a Pete fue para el Restaurante Lola, un proyecto que me duró 6 años. Una agencia de modelos de Albert y Marie Christine en la calle Muntaner. Todos los grandes fotógrafos europeos iban allí a realizar los castings, a buscar modelos, chicos y chicas. Por allí pasaron Naomi Campbell, Claudia Schiffer o Elle Mcpherson, entre otros modelos.
En este restaurante fíjate que hice una cercha mínima muy especial que lo solucionaba todo; espacio, luz y un jardín de cañas de bambú.
Los propietarios tenían un cocinero francés muy bueno que cocinaba cada día por los modelos y fotógrafos que disponían

CF: You'll see now! (laughs). This one is very personal because it explains the collaboration that you and I have had.
The first commission I gave Pete was for Restaurant Lola, a project that took me 6 years. A modeling agency owned by Albert and Marie Christine on Carrer Muntaner. All the great European photographers went there to do the castings, to look for models, boys and girls. Naomi Campbell, Claudia Schiffer or Elle Mcpherson, among other models, passed by there.
In this restaurant, note that I made a very special minimal truss that solved everything; space, light and a garden of bamboo canes.The owners had a very good French cook who cooked every day for the models and photographers who had a large table in the old house, a French palace that faced Carrer Muntaner; they had fantastic meals there.

One day Albert said to me: "Listen, what if we built a restaurant so that people from outside can also come for lunch, since many people ask me to", and that's how the Lola Restaurant was born for the public.
I asked Pete to make a chair for the Restaurant and I told him "The Divina with three legs for a restaurant is unstable".

In the hours you took Divina, put four legs on her and called her Divino... and they placed her in this restaurant for as long as it lasted. This would therefore be the first collaboration. Want to add something?

de una gran mesa en la casa antigua, un palacete francés que daba a la calle Muntaner; hacían unas comidas fantásticas. Un día Albert me dijo: "Escucha, y si hiciéramos un restaurante para que la gente de fuera también pueda venir a comer, ya que mucha gente me lo pide", y así nació el Restaurant Lola para el público.
Le pedí a Pete que hiciera una silla para el Restaurante y le dije "La Divina con tres patas por un restaurante es inestable".

Entonces cogiste a Divina, le pusiste cuatro patas y le dijiste Divino... y la colocaron en este restaurante durante el tiempo que duró. Ésta sería pues la primera colaboración. ¿Quieres añadir algo?

PS: No, está muy bien contado.

CF: También hay que añadir que en el año 93 cuando se valoraba la obra olímpica de Barcelona y otras muchas obras, el Restaurante Lola fue finalista de los Premios FAD con una mención.

Aquí tenemos otra colaboración que fue muy divertida que es cuando hice el edificio Garbí en l'Estartit. El cliente, Lluís Uriach, era el compañero de fatiga de Pete desde que eran dos jóvenes de l'Estartit.

Navegaba juntos con un Vaurient. Lluís Uriach me dijo "En la

***PS:** No, it's very well explained.*

***CF:** It should also be added that in 1993 when the Olympic work in Barcelona and many other works were evaluated, Restaurant Lola was a finalist in the FAD Awards with a mention.*

Here we have another collaboration that was very fun, which is when I did the Garbí building in Estartit. The client, Lluís Uriach, was Pete's partner in fatigue since they were two young men from l'Estartit.

You sailed together on a Vaurient. Lluís Uriach told me "I would like to have a bar, cocktail bar and disco on the ground floor". I suggested that Pete Sans help us with the interior design and with the furniture and chairs for the terrace. And then you designed this chair called Simple. Is it still on the market?

***PS:** No, he folded the company... you're talking about the Middle Ages! (laughs)*

***CF:** I'm talking about '87.*

***PS:** They folded, they all folded.*

***CF:** And that chair he has for you? It is stackable and very cute too.*

planta baja me gustaría hacer un bar, coctelería y discoteca". Yo le sugerí que Pete Sans nos ayudara con el interiorismo y con los muebles y sillas de la terraza. Y entonces diseñaste esa silla que se llama Simple. ¿Todavía está en el mercado?

PS: No, plegó la empresa... ¡estás hablando de la Edad Media! (risas)

CF: Estoy hablando del 87.

PS: Plegaron, todos plegaron.

CF: ¿Y esa silla que tiene para ti? Es apilable y también muy bonita.

PS: Es apilable, sí.

CF: Tiene muchas ventajas. ¿Qué más dirías?

PS: Te diré algo que no te va a gustar, pero esta silla no me gusta demasiado.

CF: ¿No? (alguien del público dice que le gusta). ¿Estás de acuerdo Regina?

PS: Sí, a ella sí le gusta. No tenemos el mismo gusto digamos.

***PS:** It is stackable, yes.*

***CF:** You have many advantages. What else would you say?*

***PS:** I'll tell you something you won't like, but I don't like this chair too much.*

***CF:** No? (someone in the audience says he likes it). Do you agree Regina?*

***PS:** Yes, she does like it. Let's just say we don't have the same taste. This chair doesn't say anything to me.*

***CF:** Before starting a couple fight... (laughter)*

***PS:** I have made products to order that I don't like and the owner is delighted. Sometimes you have to do them.*
***CF:** Here when I built the Club Nàutic de l'Estartit, the building had a bow that pointed to the south, to the Garbí wind, which is the dominant wind in summer.*

Then I thought about putting on a brush, since everyone who went out to sea said: did we have the wind? (raising his finger). There are many people who do not know how to distinguish the Garbí from the Xaloc, or from the Gregal and then when I ordered it from you you said: "I already have it" and you slipped me one that you had already designed for another place.

A mí no me dice nada esta silla.

CF: Antes de iniciar una pelea de pareja...(risas)

PS: He hecho productos por encargo que no me gustan y el propietario encantado. A veces es necesario hacerlos.
CF: Aquí cuando hice el Club Náutico de l'Estartit, el edificio tenía una proa que apuntaba al sur, al viento de Garbí, que es el viento dominante en verano.
Entonces pensé en poner una veleta, dado que todo el mundo que salía al mar decía: ¿a ver el viento? (levantando el dedo). Hay mucha gente que no sabe distinguir al Garbí del Xaloc, o del Gregal y entonces cuando te lo encargué me dijiste: "ya lo tengo hecho" y me colaste uno que ya habías diseñado para otro sitio.

PS: ¡No! Te lo hice a medida. Esta veleta fue un encargo que me hizo Mònica Gili para una casa que le hicieron en Ibiza. Y por circunstancias que ahora no vienen a cuento, al final me lo quedé yo la veleta. Entonces hice otro, porque tu veleta hace cuatro veces lo que había hecho primero.

CF: Fíjese qué tipo de diseñador es que se anticipa y diseña el objeto antes de que le encarguen.

(risas)

***PS:** No! I made it for you. This brush was a commission from Mònica Gili for a house they built for her in Ibiza. And due to circumstances that are not relevant now, in the end I kept the brush. Then I made another one, because your brush does four times what it did before.*

***CF:** Notice what kind of designer it is that anticipates and designs the object before being commissioned.*

(laughs)

Let's move on to the next image. This is a strange collaboration in the house of Lamps. El Cyprer, this very pretty cloth lamp that makes this extraordinary light. They did an advertising campaign in Llampaies, a house I designed for my brother. I didn't order this from you.

I noticed it because I saw the advertisement. I think they chose this house because it had large glass windows that reflected the cypress trees.

***PS:** Yes, and the truth is that they looked very good.*

***CF:** We continue with another collaboration, this time it was indeed a commission.*

We are talking about the 1992 Olympic Games. I was doing the

Pasamos a la siguiente imagen. Ésta es una colaboración extraña en la casa de Llampaies. El Chiprer, esa lámpara tan bonita de ropa que hace esa luz tan extraordinaria. Hicieron una campaña publicitaria en Llampaies, una casa que proyecté para mi hermano. Esto no te lo encargué.

Me di cuenta porque vi la publicidad. Creo que escogieron esta casa porque había unos grandes ventanales de cristal donde se reflejaban los cipreses.

PS: Sí, y la verdad es que quedaban muy bien.

CF: Seguimos con otra colaboración, esta vez sí fue un encargo.

Estamos hablando de los Juegos Olímpicos de 1992. Yo estaba haciendo la Villa Olímpica del Vall d'Hebron, destinada a los periodistas, las tres islas en el Poble Nou para los árbitros, el Hotel Olímpico en la Diagonal y en Montjuïc el nuevo Jardín Botánico donde se celebró el Cross Olímpic.

Necesitaba una lámpara para el exterior y todo lo que había en el mercado no me gustaba. Entonces te encarré una lámpara para poner en estos espacios, sobre todo en frente del Hotel Olímpic y en las Tres Islas.

PS: Todavía están ahí.

Olympic Village in the Vall d'Hebron, intended for journalists, the three blocks in Poble Nou for the referees, the Olympic Hotel in Diagonal and in Montjuïc the new Botanical Garden where celebrated the Olympic Cross.

I needed an outdoor lamp and I didn't like everything on the market. In the hours I ordered you a lamp to put in these spaces, especially in front of the Hotel Olímpic and in the Three Islands.

***PS:** They are still there.*

***CF:** They're all lined up there. I needed some lanterns to put in the gardens and I said "why don't you make a lamp that is like a little man who accompanies you when you walk?" and you designed this splendid piece.*

If you remember, those of you in the trade, Le Corbusier drew little men and then put the pipe on them. Well it is exactly that. They are three identical pieces that rotate conically with three legs and the light comes out from above, below and through the side slits which, when turned, give the piece a dynamic air. And here we see one that takes Tai for a walk (laughter). This time you fulfilled the task canonically.

***PS:** Lamp 92 was a specific commission from you; I called him Dalai Lama, I remember.*

CF: Están allí todas en fila. ¿Necesitaba unas farolas para poner en los jardines y te dije "por qué no haces una lámpara que sea como un hombrecillo que te acompañe cuando paseas?" y diseñaste esta pieza espléndida.

Si recordáis, los que sois del oficio, Le Corbusier dibujaba unos hombrecillos y después les ponía la pipa. Es exactamente eso. Son tres piezas iguales que giran cónicamente con tres patas y la luz sale por arriba, por abajo y por las rendijas laterales que al girar dan a la prenda un aire dinámico.

Y aquí vemos una que saca a pasear a Tai (risas). Esta vez cumpliste el encargo canónicamente.

PS: La Lámpara 92 fue un encargo tuyo concreto; yo le decía Dalai Lama, me acuerdo .

CF: ¿Tienes algo más que añadir de esta lámpara?

PS: No...

CF: Pues yo sí. Ahora tendrás que contar una historia curiosa que nadie sabe.
Cuando Pete me hizo el diseño me encantó. Lo acabamos de ajustar y le dije: "hazme una buena cantidad, ya te las encargarán" y me contestaste: "Creo que será difícil, pues en Parques y Jardines del Ayuntamiento quieren una lámpara

__CF:__ Do you have anything else to add about this lamp?

__PS:__ No...

__CF:__ Well, I do. Now you will have to tell a curious story that no one knows.

When Pete did the design for me I loved it. We finished adjusting it and I said to him: "make me a good amount, they will order them for you" and you answered me: "I think it will be difficult, because the Parks and Gardens of the City Council want a lamp approved, otherwise they won't let you wear it". This lamp had to be homologated and that took at least a year... tell us what you did.

__PS:__ (smiles) I have no idea.

__CF:__ You looked for another lamp.

__PS:__ Oh yes! Inside is an approved lamp.

(laughs)

__CF:__ If you look at the photo where the Tai is, it's the pure lamp, but actually the ones that are placed inside have a small cylinder in the center through which the current comes. We painted it black with an approved glass ball inside and the lamp serves as a diffuser cover.

homologada, si no no te la dejan poner".
Esta lámpara debía homologarse y esto tardaba un año mínimo... cuéntanos qué hiciste.

PS: (sonríe) No tengo ni idea.

CF: Buscas otra lámpara.

PS: ¡Ah sí! Dentro hay una lámpara homologada.

(risas)

CF: Si se fija en la foto donde está la Tai es la lámpara pura pero en realidad las que están colocadas dentro tienen un pequeño cilindro en el centro por donde llega la corriente. Lo pintamos de color negro con una bola de vidrio homologada en el interior y la lámpara hace de funda difusor.

PS: De hecho es como una pantalla.

CF: Sí, pero salimos adelante y a día de hoy, más de treinta años después, lucen magníficas y están como recién hechas.

PS: Un buen diseño.

CF: Ya vamos terminando. Esta colaboración es mucho mayor. Un día fui a cenar a la casa que hice para Regina y Pete.

***PS:** It's actually like a screen.*

***CF:** Yes, but we got out of it and to this day, more than thirty years later, they look magnificent and like they were just made.*

***PS:** Nice design.*

***CF:** We're coming to the end. This collaboration is much more important. One day I went to dinner at the house I made for Regina and Pete. Sometimes he cooks one, sometimes he cooks the other... I already know your specialty, it's "rissotto"...*

***PS:** Yes, I have a series of dishes that are always repeated.*

***CF:** On the mobile pergola on the terrace Pete had put a lamp by taking a piece of rusty netting that was left over from the work and put a Christmas garland on top of it.*

***PS:** I had it from a Christmas tree that we didn't use.*

***CF:** He hung it with a fishing line and plugged it in. One day while we were having dinner I said to him: "Listen, with Borja we have to make a restaurant for the Torres Brothers and while we were talking we thought of suggesting that you lose your oremus a little and use that rusty mesh to build some dazzling clouds. Then we'll see how we explain it to the Torres brothers, Javier and Sergio". Pete began to order the largest meshes that*

A veces cocina uno, a veces cocina el otro... tu especialidad ya la sé, es el rissotto...

PS: Sí, tengo una serie de platos que siempre se repiten.

CF: En la pérgola móvil de la terraza Pete había puesto una lámpara cogiendo un corte de mallado oxidado que había sobrado de la obra y le puso una guirnalda de Navidad por encima.

PS: La tenía de un árbol de Navidad que no usábamos.

CF: La colgó con un sedal de pesca y la enchufó. Un día mientras cenábamos le dije: "Oye, con Borja tenemos que hacer un restaurante para los Hermanos Torres y hablando pensamos en proponerte que perdieras un poco el oremus y con ese mallado oxidado construyeras unas nubes deslumbradas. Después ya veremos cómo se lo explicamos a los hermanos Torres, Javier y Sergio". Pete empezó a pedir los mallados más grandes que había. Esto permitía ir recortándolos irregularmente porque todas las lámparas eran de tamaños y formas diferentes. Encima añadía cuatro o cinco guirnaldas que debía ir empalmando y después en el restaurante las colgamos de las cerchas.

PS: Sí.

were available. This allowed them to be cut irregularly because all the lamps were of different sizes and shapes. On top he added four or five garlands that he had to splice together and then in the restaurant we hung them from the rafters.

***PS:** Yes.*

***CF:** In order to sell the idea to the Torres brothers, I couldn't tell them that it was a chain with Chinese Christmas garlands because they would have told me: "This wants to be a restaurant with 3 Michelin stars, we can't put just anything!" In the hours I explained to them that we had thought of putting in some lamps designed by the best designer we knew, made uniquely and exclusively for this restaurant with LEDs that would look like clouds of different sizes that would be reflected in the skylights, giving the restaurant a unique, comfortable atmosphere, luxury..." "But we won't be able to pay for that, Carlos", and I replied: "You don't worry about that". Each lamp of around 12 m2 had a material cost of less than €100, plus the production, the adaptation of the garlands and the installation. We told them "we will fix it so that they leave them to you at a price you can afford".*

Signifying the Regina Saura we would talk about the magnificent forest that she painted for us on the street facade which is wonderful. And much more elaborate in hours and time than your lamps.

CF: Para vender la idea a los hermanos Torres no podía decirles que era un mallado con guirnaldas chinas de Navidad para que me hubieran dicho: "¡Esto quiere ser un restaurante con 3 estrellas Michelin, no podemos poner cualquier cosa!" Entonces les expliqué que habíamos pensado poner unas lámparas diseñadas por el mejor diseñador que conocíamos, hechas única y exclusivamente por este restaurante con unos leds que parecerían nubes de tamaños diferentes que se reflejarían en las lucernarias dando al restaurante un ambiente único, confortable, de lujo..." "Pero esto no podremos pagarlo, Carlos", y les contesté: "Vosotros no se preocupen por eso". Cada lámpara de unos 12 m2 tenía un coste material de menos de 100€, más la elaboración, la adaptación de las guirnaldas y la instalación. Les dijimos "lo arreglaremos para que se las dejen a un precio que podáis asumir".
Significando en la Regina Saura hablaríamos del magnífico bosque que nos pintó en la fachada de la calle que es maravillosa. Y mucho más elaborado en horas y tiempo que tus lámparas.

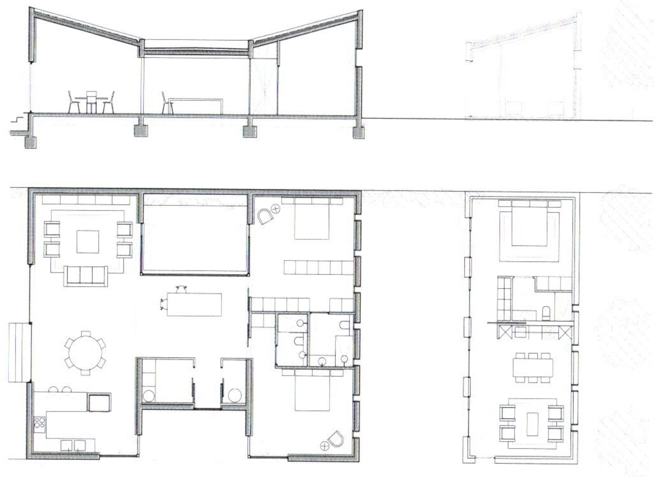

PS: Bastante más, sí. Ella trabaja, a mí no me gusta trabajar.

CF: Llega la máxima de las colaboraciones que es hacer la casa a unos grandes amigos. Algo que un arquitecto nunca debe hacer, pero en nuestro caso fue acertado hacer la casa juntos, una casa compartida, como auto-construir a sus habitantes, Regina y Pete.

PS: Quite a bit more, yes. She works, I don't like to work.

CF: The maximum of the collaborations comes when the house is made with great friends. Something that an architect should never do, but in our case it was right to make the house together, a shared house, how to self-build its inhabitants, Regina and Pete.

I have always said that building a single-family home is the best assignment for me. Because between the user and the architect there are no intermediaries, there is no "management" but the relationship is direct. When we eliminate the intermediaries and everything goes well, the work is a magnificent laboratory of experimentation. This reminds me of the great architects of history such as Le Corbusier and his Ville Savoye, the Farnsworth house by Mies, the Falling Water by Frank Lloyd Wright or the Villa Mairea by Alvar Aalto, and so we could continue to identify the great architects of the history for its single-family houses.

In this case the house had to be very economical. Here you can see Pete who was a big brush painter.

PS: (laughter)

CF: And here we have a patio that lights up the interior of the house, a deck and a curious story. In this town of Gaüses they

Yo siempre he dicho que hacer una vivienda unifamiliar es para mí el mejor encargo. Porque entre el usuario y el arquitecto no hay intermediarios, no hay "management" sino que la relación es directa. Cuando eliminamos a los intermediarios y todo sale bien, la obra es un magnífico laboratorio de experimentación. Esto me recuerda a los grandes arquitectos de la historia como Le Corbusier y su Ville Savoye, la casa Farnsworth de Mies, la Falling Water de Frank Lloyd Wright o la Villa Mairea de Alvar Aalto, y así podríamos seguir identificando a los grandes arquitectos de la historia por sus casas unifamiliares.
En ese caso la casa debía ser muy económica. Aquí puede ver a Pete que hacía de pintor de brocha gorda.

PS: (risas)

CF: Y aquí tenemos un patio que ilumina el interior de la casa, una cubierta y una curiosa historia. En este pueblo de Gaüses obligan a poner teja envejecida, por tanto la única manera de hacerlo sin que se vea es escondiendo los tejados con un "impluvium". De esta forma cumples. Nadie ve si tiene teja o no... El arquitecto del Ayuntamiento desde su casa debe pensar: "Al arquitecto lo he puesto en su sitio".

PS: Sí, ha ganado.

(risas)

force you to put up aged tiles, so the only way to do it without it being seen is to hide the roofs with an "impluvium". This way you comply. No one can see if it has a roof tile or not... The City Council's architect must be thinking from his home: "I have put the architect in his place".

***PS:** Yes, he won.*

(laughs)

***CF:** Well, here we have the Gospel watching over the entrance and Pete's lobster in the inner courtyard. Then the spiders in the corner of the pool, the Aleta table, the Cypress, the Divina chairs, the sideboard, the shelves, etc. The cloud lamp is not visible but it is also there. In this house there is the whole universe of Pete and Regina, their paintings, the leaves painted on the facade that presents the house to the town and the people...*

I thought the municipal architect would tell us something but... He must have liked it a lot because you painted it, Regina. A good renowned painter. Having said that, you can criticize the house if you want, although I think we had a great time.

***PS:** Very good.*

***CF:** We made an extension, a small pavilion that we half-*

CF: Bien, aquí tenemos el Gospel en la entrada vigilante y la langosta del Pete en el patio interior. Después los arácnidos en la esquina de la piscina, la mesita Aleta, el Chiprer, las sillas Divina, el escaparate, las estanterías, etc. La lámpara nube no se ve pero también está ahí. En esta casa está ha todo el universo de Pete y Regina, sus cuadros, las hojas pintadas en la fachada que presenta la casa en el pueblo y en la gente... Yo pensaba que el arquitecto municipal nos diría algo pero... Le habrá gustado mucho porque lo has pintado tú, Regina. Una buena pintora de renombre.
Dicho esto, si quieres, puedes criticar la casa, aunque yo creo que nos lo hemos pasado muy bien.

PS: Muy bien.

CF: Hemos realizado una ampliación, un pequeño pabellón que hemos hecho a medias. Tal y como decía Curzio Malaparte: "Es una casa come me". ¿Podrías decir esto?

PS: Sí, por supuesto.

CF: Para terminar esta intensa colaboración hablamos de esta fotografía. Son esculturas de Pete. Aquí sí podrías decir "se me han aparecido".

PS: Hacía muchas piezas como éstas.

finished. As Curzio Malaparte said: "It's a come me house". could you say that

***PS:** Yes, that's all.*

***CF:** To end this intense collaboration, let's talk about this photograph. They are Pete's sculptures. Here you could say "they appeared to me".*

***PS:** I used to make a lot of pieces like these.*

***CF:** Yes, but you did an exhibition at BROTS (he had a shop, but maybe today is not the day to talk about it). I think you could consider these sculptures to be good design that doesn't need to serve anything, except to enjoy them, another way of understanding Art and design.*
***PS:** Yes.*

***CF:** I go to the last photo on the left and that would be the end of the conversation for me.*

Here we see an ox that is a recycled piece of iron with sharp horns made with a "armor round". He is a bravo bull. I think it is a sculpture with great power... One day I said to you: "How beautiful this brau is", and you gave it to me.

***PS:** Yes.*

CF: Sí, pero hiciste una exposición en BROTS (él tuvo una tienda, pero quizás hoy no es el día para hablar del tema). Creo que estas esculturas podrían considerar que son un buen diseño que no hace falta que sirva para nada, excepto para disfrutarlas, otra forma de entender el Arte y el diseño.

PS: Sí.

CF: Paso a la última fotografía de la izquierda y con esto terminaría la conversación por mi parte. Aquí vemos un buey que es una pieza reciclada de hierro con unos cuernos afilados hechos con un "redondo de armar". Es un toro bravo. Yo creo que es una escultura con una gran potencia... Un día te dije: "Qué guapo es este toro", y me lo regalaste.

PS: Sí.

CF: Detrás del toro hay un cuadro pintado por Jaume Sans, el padre de Pete. A ver, cuéntanos.

PS: Mi padre era pintor.

CF: ¿Cómo te ha influido tu padre?

PS: Evidentemente me ha influido mucho. Era mucho como yo, no le gustaba trabajar por ejemplo.

(risas)

***CF:** Behind the bull is a painting painted by Jaume Sans, Pete's father. Let's see, tell us.*

***PS:** My father was a painter.*

***CF:** How has your father influenced you?*

***PS:** It has obviously influenced me a lot. He was very much like me, he didn't like to work for example.*

(laughs)

All these things I have inherited from the family. My father was very handy, he was cultured... He was also a surrealist painter and sculptor, in fact he held the first surrealist exhibition in Spain.
***CF:** Jaume Sans was a painter from the ADLAN Group, which was a Catalan artistic movement founded in Barcelona in 1932 by Joan Prats, Josep Lluís Sert and Joaquim Gomis, with the aim of promoting Vanguard art. Among its members were Àngel Ferrant, Eudald Serra, Ramon Marinello, Artur Carbonell or Jaume Sans.*

***PS:** But all this is later, my father had stopped painting and when the fifties and sixties arrived, he returned to painting in Cabrera's house, which had a very large studio.*

Todas estas cosas las he heredado de mi familia. Mi padre era muy manitas, era culto... También fue pintor y escultor surrealista, de hecho realizó la primera exposición surrealista que hubo en España.

CF: Jaume Sans era un pintor del Grupo ADLAN, que fue un movimiento artístico catalán fundado en Barcelona en 1932 por Joan Prats, Josep Lluís Sert y Joaquim Gomis, con el objetivo de promover el arte de Vanguardia. Entre sus miembros figuraban Àngel Ferrant, Eudald Serra, Ramon Marinello, Artur Carbonell o Jaume Sans.

PS: Pero todo esto es posterior, mi padre había dejado de pintar y cuando llegaron los años cincuenta y sesenta, volvió a pintar en la casa de Cabrera que tenía un gran estudio.

CF: También le interesaba hacer negocios y empezó a comprar terrenos.

PS: No tenía ni idea.

CF: Pero se movía mucho.

PS: Se movía porque algo tenía que hacer, compraba y vendía terrenos. Es decir, compraba terrenos a muy buen precio y después les vendía fatal.

(risas)

CF: *He was also interested in doing business and started buying land.*

PS: *I had no idea.*

CF: *But it moved a lot.*

PS: *He moved because he had to do something, he bought and sold land. In other words, he bought land at a very good price and then sold it badly.*

(laughs)

CF: *But you loved him very much and you have many things about his character...*

PS: *Yes, I inherited a lot from him. I inherited my father's art and bad business. But we have always lived very well.*

CF: *Let's finish with one last image. Aviam, they say that the best simile you can give an artist is that he is a rower.*

PS: *Why?*

CF: *Because when you row, the boat goes backwards and in front of youcan see the path you are leaving. An artist does the same, he can only be inspired and learn from those before him.*

CF: Pero tú te lo querías mucho y tienes muchas cosas de su carácter...

PS: Sí, he heredado muchas cosas de él. El arte y los malos negocios de mi padre. Pero siempre hemos vivido muy bien.

CF: Acabamos con una última imagen. A ver, dicen que el mejor símil que le puedes decir a un artista es que es un bogador.

PS: ¿Por qué?

CF: Porque cuando tú remas, la barca va hacia atrás y tú, delante ves el camino que vas dejando. Un artista hace lo mismo, sólo puede inspirarse y aprender de los que lo han sido antes. Estos dos personajes, han sido para el diseño español, el diseño catalán y el diseño mundial... muy importantes.

PS: Mucho, Miquel Milà sobre todo.

CF: El otro,caramba lo que ha hecho.

PS: Ahora me gusta porque vi su documental.

CF: Los he puesto ambos por una razón. Creo que tú como diseñador perteneces a esa genealogía. Estos grandes

I think that these two characters, have been very important for Spanish design, Catalan design and world design.

***PS:** A lot, especially Miquel Milà.*

***CF:** The other one, damn what he did!*

***PS:** I like him now because I saw his documentary.*

***CF:** I put them both for a reason. You as a designer belong to that genealogy. These great designers are from another generation and you were able to learn from them. For example, the cable you pull from Miquel Milà's TMM lamp, so you don't have to put a switch to turn on the lamp. We received a wedding gift from Norman Cinnamond, a porexpan ice cube designed by Miquel Milà.*
***PS:** Yes, he was perfect and very cute too.*

***CF:** A single material. You put the ice on and it lasted a long time, it was great. Now, André Ricard's Copenhagen ashtray was no less great.*

***PS:** It was very good, yes.*

***CF:** And regarding what we mentioned about the Lapa with which you do the movement in reverse, André has some very good tongs that also came with Norman's gift, with the ice cube.*

diseñadores son de otra generación y has aprendido de ellos. Por ejemplo, el cable que estiras de la lámpara TMM de Miquel Milà, para no tener que poner un interruptor para encender la lámpara. Recibimos un regalo de boda que nos hizo Norman Cinnamond, una cubitera de porexpan de Miquel Milà.

PS: Sí, era perfecto y también muy bonito.

CF: Un único material. Ponías el hielo y se aguantaba mucho tiempo, era genial. Ahora, no era menos genial el cenicero Copenhague de André Ricard.

PS: Era muy bueno, sí.

CF: Y en lo referente a lo que hemos comentado de Lapa con la que haces el movimiento a la inversa, André tiene unas pinzas buenísimas que también venían con el regalo de Norman, con el cubo por hielo.

PS: Que van al revés.

CF: Cuando tú haces el esfuerzo de apretar suelta el hielo y cuando dejas de hacer presión, lo coge y se aguanta. Porque tiene una traba en medio, son realmente geniales. A esto me refería cuando hablaba de invertir el esfuerzo.

MIGUEL MILÀ

ANDRÉ RICARD

__PS:__ They go backwards.

__CF:__ When you make the effort to squeeze, it lets go the ice and when you stop applying pressure, it grabs it and holds on. Because it has a latch in the middle, they are really cool. This is what I meant when I talked about investing the effort.

__PS:__ André Ricard is a very good industrial designer and very professional, he knows a lot. Miquel Milà is not so professional but he has extraordinary taste. I admit that when I won the Delta d'Or I said: "I do Catalan design".

__CF:__ This is where I want to go! That was my final question. In our country we have Miquel Milà and we also had GATPAC and Grup R and all these people who made a very austere architecture and design and very bright

__PS:__ Yes, in our country we have masters like Miquel Milà, but we also have Coderch and all these people who made a very austere Catalan design! We could place them as the antecedents of a proper Catalan descent.

__CF:__ You took the last question out of my mouth! You anticipated

__PS:__ Let's do Catalan design!

PETE SANS

PS: André Ricard es muy buen diseñador industrial y muy profesional, sabe mucho. Miquel Milà no es tan profesional pero tiene un gusto extraordinario. Reconozco que cuando gané el Delta de Oro dije: "Yo hago diseño catalán".

CF: ¡Aquí es donde quiero llegar! Ésta era mi pregunta final. En nuestro país tenemos a Miquel Milà y también hemos tenido en el GATPAC y el Grupo R y toda esta gente que hicieron una arquitectura y un diseño muy austero y muy brillante.

PS: Sí, en nuestro país tenemos maestros como Miquel Milà, y también tenemos a Coderch y a toda esa gente que hacían un diseño catalán muy austero! Los podríamos situar como los antecedentes de una estirpe propia catalana.

CF: ¡Me has sacado la última pregunta de la boca! Te has anticipado.

PS: ¡Hagamos diseño catalán!

CF: En uno de los artículos de Jordi Badia para el diario ARA se hizo la misma pregunta. "¿Existe una arquitectura catalana?". Aludió a los maestros del GATCPAC, al Grupo R, a Coderch, así como a otra generación de la Escuela de Barcelona en la que nos citaba a algunos arquitectos, que daban una línea de continuidad en el ámbito de la arquitectura catalana, y Miquel Milà sería uno de los padres del diseño catalán.

***CF:** In one of Jordi Badia's articles for the newspaper ARA, the same question was asked. "Does Catalan architecture exist?". He alluded to the teachers of GATCPAC, to Group R, to architects such as Coderch, as well as to another generation of the Barcelona School in which he cited some architects, who formed a line of continuity in the field of Catalan architecture, and Miquel Milà would be one of the fathers of Catalan design.*

***PS:** Yes, obviously, the father of Catalan design.*

***CF:** Well, then I think you are a child. I think you belong to this breed.*

***PS:** I belong to this lineage.*

***CF:** This genealogy, this lineage of design which is a relatively modern term. Culturally you want to be an artist like your father, but you make great industrial designs. And with this ending, I think that for today this conversation no longer matters...*

***PS:** I don't know if anyone wants to ask something...*

(Someone asks a question)

***CF:** Have you heard it?*

***PS:** Not much, I'm so sorry.*

PS: Sí, es evidente, el padre del diseño catalán.

CF: Bien, pues yo creo que tú eres un hijo. Creo que tú perteneces a esta estirpe.

PS: Yo pertenezco a esta estirpe.

CF: Esta genealogía, esta estirpe del diseño que es un término relativamente moderno. Culturalmente quieres ser un artista como tu padre, pero haces magníficos diseños industriales. Y con ese final, creo que por hoy esta conversación ya no da por más...

PS: No sé si alguien quiere preguntar algo...

(Alguien hace una pregunta)

CF: ¿Lo has oído?

PS: No mucho, lo escucho muy mal.

CF: Pide que como puede que tus diseños de primera época no estén producidos en el mercado, siendo tan fáciles de producir como tú dices...

PS: Sí, porque desgraciadamente el diseño pasa de moda. No debería pasar, ya que hay piezas como la Coqueta que no sabes si está hecha en el 70 o en el 2015. Pero los diseños pasan de moda y los productores quieren cosas diferentes y que estén "en la onda".

***CF:** Ask how is it possible that your early designs are not produced in the market, being as easy to produce as you say...*

***PS:** Yes, because unfortunately the design goes out of fashion. It shouldn't happen because there are pieces like the Coqueta that you don't know if it was made in 1970 or 2015. But designs go out of fashion and producers want new things to be "on the wave". These bent rod things that I call manyà de pueblo are very simple things, solutions that are of no interest to anyone. The proof of this is that I had a series of products that I liked, for example the Lamparaprima... which I have edited again... The Cálida lamp which is that paper tube... many were sold and I edited it again.*

The Cypriots that also sold well and appeared in all the magazines I re-edited as well. I used to sell them in my BROTS store... In fact, I didn't sell them because no one was interested! "But why don't you do more?" they told me "Yes, come and buy". Maybe here many of you would buy them.

***CF:** I think that in one place or another I have them all.*

***PS:** The people who came here today are the ones who buy good design, but the rest who are 10 million don't. The proof is that I've tried but it doesn't work unless a production company tells you "Listen, I'll invest in this and produce it"*

Estas cosas de varilla doblada que llamo yo de cerrajero son cosas muy sencillas, soluciones que no interesan a nadie. La prueba de esto es que yo tenía una serie de productos que me gustaban, por ejemplo la Lamparaprima... que la he vuelto a editar... La lámpara Cálida que es ese tubo de papel... se vendieron muchos y lo he vuelto a editar. Los Cipreses que también se vendieron mucho y salieron en todas las revistas también los volví a editar. Los vendía a mi tienda BROTS... De hecho, ¡no los vendía porque no interesaban a nadie! "Pero ¿por qué no haces más?" me decían. "Sí, ven y compra". Quizás aquí muchos de vosotros los compraríais

CF: Yo creo que en uno u otro sitio los tengo todos.

PS: La gente que ha venido hoy aquí sois los que compran buen diseño, pero el resto que son 10 millones no. La prueba es que lo he intentado pero no funciona y menos que una productora te diga "Escucha, invertiré en esto y lo produciré"

CF: Cuéntame algo, Lamparaprima tenía un problema con el reglamento de baja tensión que seguro que ya has solucionado.

PS: No, no la he arreglado. No se puede. Un día vino a verme la directora de la tienda del MOMA y me dijo "Nos interesa que Lamparaprima esté en la tienda del MOMA, pero deberías homologarla". Intenté homologarla. El tubo de la varilla debía ser mayor para poder pasar el cable por dentro y pensé que no merecía la pena porque hubiera quedado un churro.
Una Lamparaprima gruesa no tiene sentido. Es decir, ¡olvidémoslo!

***CF:** Tell me something, the Lamparaprima had a problem with the low voltage regulation that I'm sure you've already solved.*

***PS:** No, I haven't fixed it. You can't One day the director of the MOMA store came to see me and said "We are interested in the Lamparaprima being in the MOMA store, but you should approve it". I tried to get it homologated and from the start the rod tube had to be thicker to be able to pass the cable inside and I thought it wasn't worth it because there was a churro left. A thick Lamparaprima makes no sense. I mean, let's forget it!*

***CF:** You didn't have the option of putting another approved lamp inside... (laughter)*

***PS:** I should have done what we did with Lamp 92, the Dalai Lama. But it was impossible. I sell the Lamparaprima at La Capell and they already know it. Santa & Cole picked it up again about 8 or 9 months ago and they told me: "we are very interested and will try to do it again". They have been studying the system for 8 months, they had even made a special light bulb that was a soffit inside a glass, something very complicated.*

At the end they told me: "Listen, we can't get away with it", a production company can't sell things that can't be approved.

CF: No te quedaba el recurso de poder poner otra lámpara homologada dentro... (risas)

PS: Debería haber hecho esto que hicimos con la Lámpara 92, la Dalai Lama. Pero era imposible. Lamparaprima la vengo en La Capell y ellos ya lo saben. Santa & Cole la volvió a coger hace unos 8 o 9 meses y me dijeron: "nos interesa mucho, intentaremos volver a hacerla". Y han estado estudiando el sistema durante 8 meses, incluso habían hecho una bombilla especial que era una sofito dentro de un cristal, algo complicadísimo. Al final me dijeron: "Oye, no lo logramos", una productora no puede vender cosas que no se pueden homologar. Yo hago lo que quiero pero las productoras no pueden hacerlo con los diseños que son difíciles de producir, no quieren arriesgarse.

CF: Mira, este verano Miquel Milà me decía que después de no sé cuántos años había conseguido que en la TMM, el cilindro que se enrolla sobre la parte de la base cuadrada, finalmente funcionara.

PS: ¡Sí, ahora funciona!

CF: Pues eso lo conseguido Miquel Milà, un señor que sabe un rato...Ahora hace exactamente una hora que hemos empezado. Es decir que si os parece...

PS: Todos a la calle.

(Aplausos del público)

I do what I want, but the producers can't do it with designs that are difficult to produce, they don't want to take risks.

***CF:** Look, this summer Miquel Milà told me that after I don't know how many years he had managed to get the TMM, the cylinder that rolls over the part of the square base, to finally work.*

***PS:** Yes, it works now!*

***CF:** Well, this was achieved by Miquel Milà, a gentleman who has known about it for a while... It's been exactly an hour since we started. In other words, if you think...*

***PS:** All in the street.*

(Applause from the audience)

Pete Sans neix a Barcelona el 1947. Dissenyador creatiu i carismàtic, prefereix definir-se com a escultor o dibuixant de mobles. La seva actitud d'artista lliure de les pressions de la indústria li ha permès deixar la seva empremta particular en el panorama del disseny i obtenir destacats premis nacionals i internacionals.

Després de dedicar-se un temps a la pintura, el 1971 obre un estudi de disseny gràfic i inaugura la Galeria i l'escola Nikon. També edita la revista d'art i fotografia, Papel Especial. L'any 1979 entra en contacte amb Snark Design. Producte de la seva relació professional neix la "Lamparaprima", primera làmpada minimalista de l'estat que obté l'*Oscar* al millor producte en Il·luminació de la Fira Internacional Moving de Paris (1983), sent seleccionada per participar en l'exposició de Disseny Espanyol a Europalia (Brussel·les, 1985) i en el 6th Arango International Design Competition Award (Miami, 1986). A partir d'aquest moment centra tota la seva activitat en el disseny industrial (que prefereix anomenar "escultura industrial"), produint un bon nombre d'obres, impregnades d'un estil molt personal, ple d'originalitat i avantguardisme.

Al març de 1994 crea la seva pròpia productora (PeteSans Sistemes Integrals,S.L.). L'any 2010 obre Brots, una botiga-taller que promou el disseny de producte fet per joves dissenyadors.

Tots els seus dissenys recullen la tradició arquitectònica catalana de la sobrietat reinterpretada de forma lliure, enginyosa i subtil per un dissenyador que afirma: "Jo no treballo per a la indústria, és la indústria qui treballa per a mi."

Carlos Ferrater neix a Barcelona el 1944. Doctor Arquitecte i Catedràtic de Projectes Arquitectònics de la UPC. Doctor Honoris Causa per la Universitat de Trieste. Acadèmic electe de la Reial Acadèmia de Belles Arts de Sant Jordi. Premi Nacional d'Arquitectura 2009 a la seva trajectòria, atorgat pel Ministeri de Foment i Vivenda. Nomenat membre del Royal Institut of British Architects (International Fellow of the RIBA) des de 2011. Medalla d'Or al Mèrit en les Belles Arts atorgada pel Ministeri de Cultura l'any 2019.

Ha rebut, entre d'altres, quatre premis FAD, el Premi Ciutat de Barcelona en les seves edicions 1999 i 2008, el Premi Internacional d'Arquitectura Brunel 2005, el premi BigMat 2009, dos Premis Nacionals d'Arquitectura, en el 2001 amb el Palau de Congressos de Catalunya i en el 2011 amb el Passeig Marítim de Benidorm. Finalista dels Premis Mies van der Rohe en tres ocasions, Premi Ciutat de Madrid, Premi Dècada 2006 i el Premi Internacional Flyer 2007.

Ha estat convidat al Pavelló Internacional de l'Arsenal i el Pavelló Espanyol de la Biennal de Venècia 2004, pel MOMA de Nova York a l'exposició "On site: New Architecture in Spain" i per exposar monogràficament la seva obra en el Crown Hall IIT de Chicago. La seva obra ha estat també exposada de forma itinerant en diverses institucions de tot el món.

Alguns dels seus dibuixos formen part de la Avery Collection a la Universitat de Columbia i des de juny de 2012 diverses maquetes i dibuixos originals del Passeig Marítim de Benidorm han passat a formar part de la col·lecció del Centre National d'Art et de Culture Georges Pompidou, juntament amb l'edifici Ibèria al Passeig de Gràcia i el Jardí Botànic de Barcelona, tenint alguns d'ells un espai d'exposició permanent.

LAMPARAPRIMA	1979	1979 1982 1986	Snark desing Taller Uno Santa & Cole
MESA MESITA	1984	1984	B.D.
LAMPARA LAPA	1985	1985 1989	Carcia Garay Taller Uno
LAMPARA KONOS	1986	1986	Taller Uno
LAMPARA CALIDA	1986	1986	Taller Uno

LAMPARA OBLICUA	1986	1986	Vapor
SISTEMA ELEMENTAL	1986	1986	Santa & Cole
LAMPARA TIS	1987	1987	Taller Uno
SILLON COQUETA	1987	1987	B.D.
CADIRA DIVINA	1987	1987	Andreu Nort

LAMPARA TRIPICA	1988	1988	Taller Uno
TAULA ALETA	1988	1988	Mobles 114
SILLONET DIVINO	1989	1989	Andreu Nort
TAULA ARACNIDA	1990	1990	B.D.
LAMPARA MEDUSA	1994	1994	Taller Uno

SERIE AULA D'OFICINA	1994	1994	PETESANS S.L
BICIPODA	1996	1996	DAE
CADIRA SIMPLE	1988	1988	Santa & Cole
TAULA P`HIDEA	1985	1985	B.D.
LAMPADA CYPRESS	1998	1998	NRO

Publicat per
Publicado por
Published by
ACTAR
Barcelona/New York
www.actar.com

Editat per
Editado por
Edited by
Núria Ayala
Carlos Ferrater

Transcripció de vídeo
Transcripción de vídeo
Video Transcription
Gisela Folch

Supervisió de textos
Supervisión de textos
Text supervision
Judith Gabarró

Disseny gràfic
Diseño gráfico
Graphic
Design
Núria Ayala

Documentació Gràfica i Fotografies
Documentación gráfica y fotografías
Graphic Documentation & Photographs
Arxiu del Museu del Disseny

ISBN 978-1-63840-116-2

Impressió i enquadernació a la Unió Europea
Impresión y encuadernación en la Unión Europea
Printing and boundin the European Union

Distribució
Distribución
Distribution

Actar D
New York, Barcelona

NEW YORK
440 Park Avenue South,
17th Floor
New York, NY 10016, USA
T +1 2129662207
salesnewyork@actar-d.com

BARCELONA
Roca i Batlle 2-4
08023 Barcelona, Spain
T +34 933 282 183
eurosales@actar-d.com

OAB
Office of Architecture
in Barcelona